「満洲国」地方誌集成 第2巻

吉林省各県畧誌 上巻

[編・解説] ゆまに書房出版部

「満洲国」地方誌集成　刊行にあたって

ゆまに書房出版部

本来、中国東北地区は遼寧、吉林、黒龍江の三省より構成されており、「満洲国」政府もその成立にあたり旧三省の行政区画を踏襲した。しかし、旧軍閥勢力の削減等の必要性から、同政府は三省を細分化し、最大時には十九の省及び、省と同等の権限を持つ二特別市を設置した。

これらの省・市の行政機関の多くは現地の行政に関する情報をまとめた「要覧」、「実勢」、「略誌」等の資料を作成していた。資料の題名は様々であるが、これらは中国の伝統的な地理書である「地方誌」の一種として位置づけられよう。

「地方誌」とは、主に各地域に赴任した官僚の執務参考とするため、現地の地理、経済、歴史等を概説した書物である。その起源は後漢時代にまで遡り、清朝時代には四千六百種以上が存在したとされる。これらの書物は、現在でも中国の地域社会の研究において不可欠の材料となっている。

「満洲国」においては、各省に派遣された日本人官吏は異国であるゆえ、当然現地の事情には疎く、中国語を解さないものもいた。このため、日本語による情報源が必要とされ、多くの省で参考資料が編纂された。傀儡国家であり、また日本人向けという特徴はあるが、これも「地方誌」としての性格を有している。

「満洲国」の「地方誌」の多くは限定的に配布され、中には「秘」扱いのものもある。その内容は歴史、人口、経済、徴税、商慣行、土地制度、教育、衛生から匪賊の出没や日本人開拓民の状況等などがあり、包括的かつ信頼度の高い情報を提供している。また、これらの資料には、日本において法学、経済学、歴史学を専攻した者によって書かれたと思われるものもあり、彼らの満洲に対する社会科学的認識を示すものとしても、貴重である。

「満洲国」の地方行政については、国務院総務庁情報処による『省政彙覧』や大同学院による『満洲国地方事情大系』もある。これら資料はあくまで中央政府からの視点でまとめられているのに対し、本シリーズ所収の「地方誌」は現地官吏用のマニュアルとして編集されているため、より実用性に即した内容となっている。

「満洲国」の公文書は、日本の敗戦時に多くが散逸したといわれ、地方行政の実態を把握することは困難である。また、現在の中国東北地区の省、市、県等においても「地方誌」の編纂は盛んに行われているが、資料や言語の制約から「満洲国」時代については記述が薄いのが現状である。こうした状況をふまえ、「満洲国」の「地方誌」を可能な限り収集・復刻することで、史料の不足しがちな「満洲国」史研究への一助となればさいわいである。

「満洲国」地方誌集成　凡　例

一、本シリーズは『「満洲国」地方誌集成』と題し、「満洲国」の地方行政機関の発行した「地方誌」を収集・復刻するものである。同国の各省・市等では執務参考資料として、現地の事情を記した「地方誌」を作成していた。本シリーズでは、これらの資料を横断的に収集することにより、「満洲国」における地方行政の実態を把握する手掛かりとしたい。

二、第一回配本全五巻の収録内容、書誌、寸法、所蔵機関は左記のとおりである。

第一巻

一、『吉林省概説』（吉林省公署総務庁調査科編・発行、一九三三年、並製、二一〇㎜）、一橋大学附属図書館村松文庫所蔵。

二、『吉林省現勢便覧』（吉林省長官房編・発行、一九四〇年、上製、一三一㎜）、一橋大学経済研究所附属社会科学統計情報研究センター資料室所蔵。

第二巻

『吉林省各県畧誌』上巻（吉林省公署総務庁調査科編・発行、上製、一九三四年、二三〇㎜）

第三巻

『吉林省各県畧誌』下巻（吉林省公署総務庁調査科編・発行、上製、一九三四年、上製、二三〇㎜）

北海道大学附属図書館所蔵。

※第二、三巻の原本は全一巻。「満文」の部を上巻、「日文」の部を下巻に分割した。

第四巻

一、『新吉林省概説』（吉林省公署総務庁調査科編・発行、一九三五年、並製、二二〇㎜）、架蔵本。

二、『吉林省概説』（吉林省公署総務庁総務科編・発行、一九三六年、並製、二二〇㎜）、東京大学東洋文化研究所所蔵。

第五巻

『吉林省政務年鑑　康徳三年度』（吉林省長官房総務科編・発行、並製、一九三七年、二一五㎜）、北海道大学附属図書館所蔵。

三、復刻にあたっては、原本の無修正を原則としたが、適宜拡大・縮小をほどこした。原本は戦前に刊行されたものであり、紙質の悪さや経年による劣化の進行もある。印刷上のむら、かすれ、不鮮明な文字、活字の潰れ、書き込みも散見される。特に、『吉林省各県畧誌』には活字で印刷されたノンブルの横に、ゴム印で新たにノンブルが加えられた部分があるが、そのままとした。
また、原本を痛めないために、撮影時見開き中央部分を無理に開くことをしなかった。そのため、中央部分が読みづらい箇所もある。隠れている文字については、欄外にそれを示す。予めご了承頂きたい。

〔付記〕原本ご所蔵の一橋大学附属図書館、同大学経済研究所附属社会科学統計情報研究センター資料室、北海道大学附属図書館、東京大学東洋文化研究所には、出版のご許可をいただき、また、製作上種々の便宜を図っていただきました。ここに記して謝意を表します。

第2巻　目　次

吉林省各県畧誌　上巻

康德元年五月

吉林省各縣畧誌

第一編

阿城　五常　葦河　珠河

延壽　寧安　穆稜　東寧

吉林省公署

新編吉林各縣政略弁言

吉林位置居世界經度自一二三度三十分至一三五度三十分緯度自四一度九五分至四八度二三分爲滿洲中區皇古以前敻絕莫考自周代肅愼立國最久且遠厥後爲勿吉爲渤海洎遼金元淸有數千年之歷史聲名文物焜燿簡編祇以時盛時衰文獻無徵不克與燕魯晋豫共爭文化之盛論古者有遺憾焉光緒中增置郡縣逐漸開拓至宣統初元廢軍府立行省汙萊日闢交通便利道府州縣棊布星羅儼然東土奧區駸駸與內地相埒第通志之脩在光緒二十年以前其疆域之離合建置之經歷與夫戶口食貨賦稅礦產林墾諸大端按之今日情勢誠不免多所挂漏從前省府屢飭各縣編輯方志而成者寥寥蓋限於經費人才之故遷延不果將欲考時政之得失驗物產之豐耗以爲整理提

倡之者其道末由茲者本署總務廳有鑒於此遴員周歷實地調査詳加載記對於各縣庶政條分縷晰洪纖靡遺可作縣志藍本所不同者略考古而詳現制重實際而屏虛文於政治上尤多所裨益閲者開卷一目犁然其欣快爲何如書既成當賡續付印以供世覽故不辭固陋綴數語以弁其端

康德元年三月　瀋陽熙洽

弁言

鷄林位於滿洲中樞、適與東隣北海道同一緯度、氣候之寒暑、山川之形勝、無甚殊別、惟吉省土地之廣沃、物產之丰美、北海道實瞠乎其後、而北海道政治文物之進展、鷄林則望塵而莫及、以治績具有二百餘年歷史之鷄林、不及開發六十餘載之北海道、實不勝唏噓者也、

今滿洲立國、凡百建設、吾吉既爲首都之所在、更有建置陪都之動機、關於庶政之革新、產業之開發、文化之增進、在在不容或緩、繼往開來、自應先事確切之調查、革舊從新、允宜妥備參考之資料、鄙人不敏、忝宦斯邦、爲期庶政之向上、準備將來之考証、爰命調查科以調查之所得、輯成斯篇、於一得之愚、略盡貢献之微衷耳、

此篇之內容、以地勢、氣候、產業、政務、教育爲其主端、參證今昔、勉成誌略、體裁與誌書不盡吻合、資料所蒐得、容有挂漏、幸希博雅有以指正、

茲會斯誌付梓、略弁數言如右、以發其凡焉、大滿洲國康德元年五月一日三浦碌郎

序

謙盧

周官有訓方行人等職甄采各方之民俗與夫閭閻之名物象數以陳於王庭而稽其損益洎乎近代自省及府廳州縣乃各有方志即其遺意惟卷帙繁重體例亦嚴大都注重地方文獻備一時之掌故屬於民生日用所以裨益行政者殊罕聞嘗與此邦士紳談論及此以謂吉省各縣編有縣志者尚不及半在文化前途實宜廣爲提倡從事修纂特志例宜如何改善以求其功用極費躊躇茲者總務廳調查科就省境各縣政情屬詞比事輯著是書其內容皆出自實地考查故能信而有徵篇幅無多而取材俱關國計民生藏往開來瞭如指掌是洵於志例之外別出心裁矣從政人員暨承學之士苟時加披覽於全省民治之原自可得其梗概無俟旁求已

滿文目次

滿文目次

阿城縣全圖

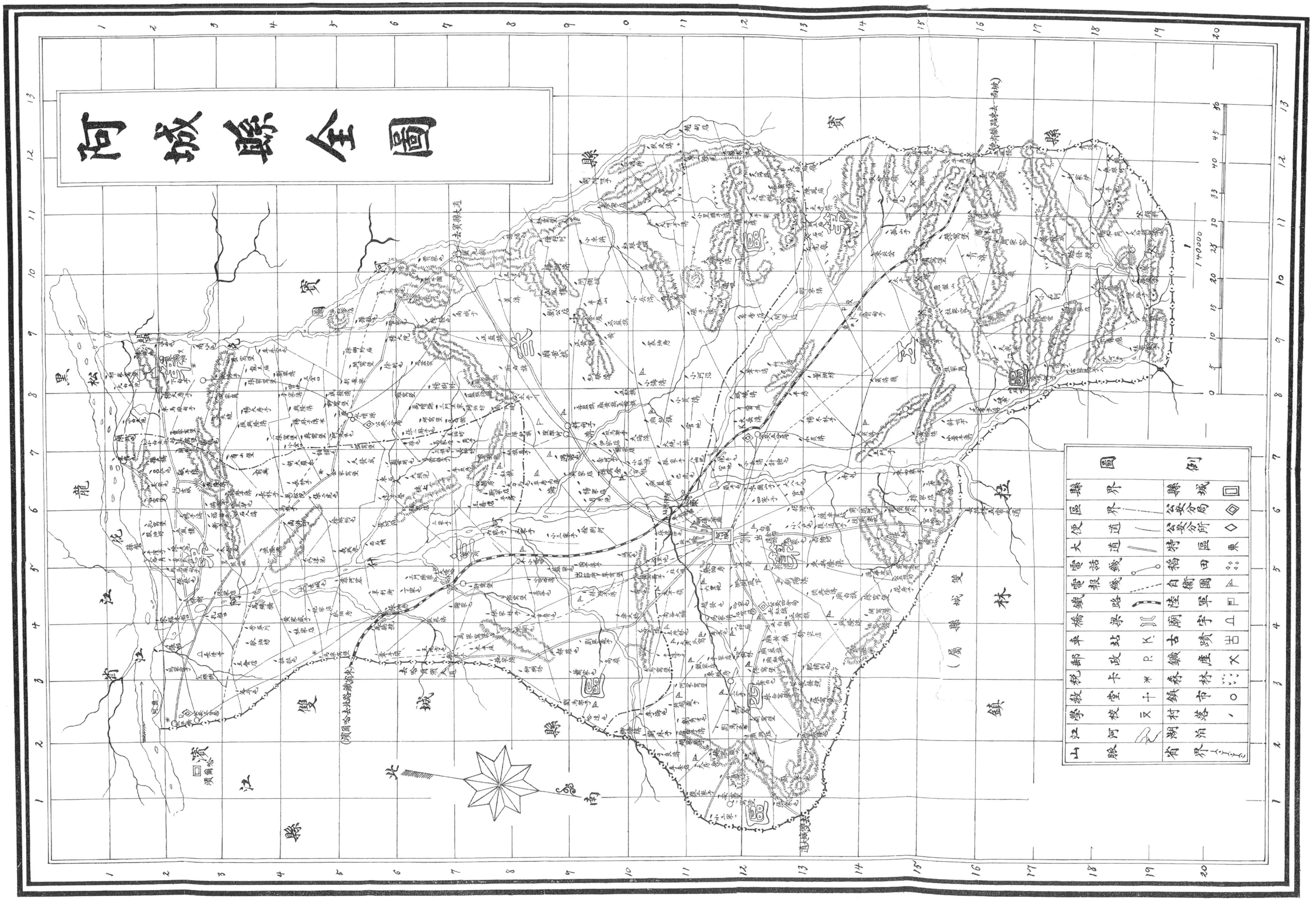

阿城縣

目次

阿城縣

沿革

本縣在渤海時代係粟末靺鞨種族之雜居處所稱海古勒地其後爲完顏氏本部矣
金朝時代其地爲上京會寧府迨至元朝屬於碩達顛達萬戶府
然至明代復爲岳衞阿實衞地清雍正四年置協領駐屯防兵七年拆毀舊城改建新城（卽今之縣治）乾隆九年設副都統
宣統元年改爲今之阿城縣

第二　地理的位置

一、位置

本縣介於東經十度三十分與北緯四十五度三十四分之間距省城東北四百四十里又名阿什河
東接賓縣南與雙城爲鄰西接濱江北界松花江云

二、山脈

本縣山脈極少僅在東部國境地方有山嶺二三

三、河川

縣境北方有松花江其支流由北而南之阿什河橫貫縣之中部復支流於縣境各地

而與賓縣爲界之處復有發源松花江之蜚克圖河

由上觀之本縣既有水運之便當然爲利於耕種水田之縣分故今後水田之經營必漸趨繁盛

第三　面積、人口

一、面積

本縣全面積約一萬方里卽二十二萬零八百五十垧地就中已墾熟地二十一萬五千八百五十垧未開荒地約二千垧而不適於農產土地約三千垧

二、人口

項別／區別	戶數	人口		計
		男	女	
城內(一區)	五、二九七	二一、三五八	一四、三一五	三五、六七三
二區	七、三三二	三一、七〇六	二五、九〇五	五七、六〇八
三區	五、六一三	二四、五〇三	二二、五五九	四七、〇六二
四區	五、一五〇	一九、五二六	一三、〇二四	三二、五五〇
五區	三、四〇一	一三、七五九	八、六五四	二二、四一三
計	二六、七九三	一一〇、八五二	八四、四五四	一九五、三〇六

外僑戶數人口表

國別＼項別	戸數	人口 男	人口 女	計
朝鮮	二一九	五八九	四六七	一一五六
法蘭西		二	四	六
英國		一		一
蘇俄		八	四	一二
計	二一九	六〇〇	四七五	一一七五

民間兵器散布状況（僅係自衛團使用者至私人隱匿之槍數不明）

區別＼種別	手槍	子彈	馬槍	子彈	洋炮	計	計	摘要
一區			二〇	一〇〇〇	二三	四三	一〇〇〇	
二區	三七	一三二〇	五一一	二五・五五〇	一五二	七一一	二六八七	
三區	一九	五七〇	四〇一	二〇・〇五〇	七八	四九八	二〇六二〇	
四區	六	一八〇	二五四	一二・三五〇	一三四	三八七	一二五三〇	

五區	四 一二〇 六七	一七五 八七五〇 一三五四	一二一	三〇〇 八八七〇 一九二九
計	二一九〇	六七七〇〇	五〇八	六九八九〇

第四　產業

一、農業

A. 概況

本縣之土質多半爲植質壤土特別適於農業

農產物爲大豆、小麥、粟、高粱至他種農產亦均能收穫

B. 耕地面積

既耕地面積約廿九萬垧自耕地約佔全耕地十分之四佃耕地約佔十分之六租糧每垧平均二石

C. 農產物收穫數量

民國十二年之總收穫量爲七十三萬石茲將民國二十年度之收穫量列舉如左

總面積　一九〇・〇〇〇垧　總收穫量　九〇一・五五〇石

種別	耕地面積	收穫數量
大豆	六二・七〇〇垧	二八二・一五〇石

小麥	二八・五〇〇	八五・五〇〇
西米	三八・〇〇〇	一七一・〇〇〇
高粱	四三・七〇〇	二一八・五〇〇
其他	三六・一〇〇	一四四・四〇〇

據阿城農會調査大同二年度預科收穫額如次

種類	種類垧數	每垧收穫數	總計
黃豆	四六・〇〇〇垧	二五斗	一一五・〇〇〇
小豆	六〇〇	二〇	一・二〇〇
吉豆	五〇〇	一五	七五〇
高粱	二六・〇〇〇	四〇	一〇四・〇〇〇
谷子	二六・〇〇〇	三〇	七八・〇〇〇
包米	五・〇〇〇	五〇	二六・〇〇〇
小麥	一五・五〇〇	一五	二三・二五〇
大麥	三・六五〇	三〇	一〇・九五〇
糜子	二・〇〇〇	二〇	四・〇〇〇
稗子	三・〇〇〇	五〇	一五・〇〇〇

蕎麥	二・〇〇〇	一五	五・〇〇〇
水稻	三・〇〇〇	一〇〇	三〇・〇〇〇
粳子	七〇〇	四	二・八〇〇
黃菸	二〇〇	一・〇〇〇	二〇〇・〇〇〇
線麻	八〇	五〇〇	四〇・〇〇〇
檾麻	一〇	五〇〇	五・〇〇〇
糖蘿卜	三・〇〇〇	六〇〇布特	一・八〇〇・〇〇〇布特
合計	一三七・二四〇		

以上計各種糧石四十一萬四千九百五十石　黃菸線麻二十四萬五千斤　糖蘿卜一百八十萬布特係本年收穫之預料額數也

D. 民生狀況

本縣地鄉哈埠人民生活程度稍高但城鄉有別縣城內之住民以旗族爲多

二、牧畜

本縣境內無可觀者

三、林業

本縣僅東南部有幾處小山別無可稱之山脈其蓄積數量亦僅有楊柳樹數種耳

然松花江上流其他各縣有名之大森林地帶頗多

四、商業

縣城商號別調查表

雜貨商	四七
藥商	二二
估衣商	四
洋鐵商	四
山貨	一一
靰鞡舖	二
銀匠舖	二
菓品商	六
洋貨商	三
紙張舖	一
印刷業	一
燒鍋	一
油坊	三

澡塘	三
餜燭商	四
洋鐵舖	二
磁鐵商	一
鮮貨商	五
成衣舖	二
飯莊	九
鐵器商	一
糧米商	二六
燒鍋油坊	二
香坊	一
面粉紙張	二
麫莊	一
醬商	一
鞋襪商	一
麵粉商	二

軍衣莊	一
酒米行	二
油米行	三
菓品商	四
木商	三
醋醬商	三
油酒商	一
麵粉油燭	一
鐵匠行	一
切面商	一
鐵匠爐	二
油面舖	一
理髮處	一
鏨舖	一
洋火業	一

茲爲參考起見列擧一九三一年度下半期本縣之貿易狀況如下

輸入各種貨物表

（以下以擔爲單位）

棉布類	五一一・二七五
絲織品	二六・〇六一
機械類	一二,三三四
繩索類	三一二・一七三
麵粉	六一七・三三八
粗布類	七二・五六四
電氣用品	一二・四一五
蔴袋	一二一・六一五
衣服類	一・六七二
煤油	三・一二八・七六三
陶器類	一一・〇二六
細棉布	三八・六六五
食鹽	一三五・九八〇
食料類	一三・八四六
木器類	二一・三二六
身邊用品	九・四四七
紙烟類	一六五・二八三
紙類	三八・一七一
飲食品類	一二・一六〇
皮革	一七・〇三二
糖類	四二・六九五
油脂類	一・二一二
洋灰	七二・六二八
燃料	一・三九三・一七九
蔬菜類	一一二・八三〇
茶叶	二一四・二九〇
鮮菓品類	一一・八六九
綢緞類	二一六・二三六

藥材及藥品	一・三〇〇
胰皂類	三・六五一
洋火	六七二
乾菜類	五一・三八二
生菜	一三・四四七
穀類種子油	一二・八八七
白酒	一・五四七
棉花	一一・四二六
毛類	一・二七二
乾菓類	三一四・二九〇
銅鐵類	二二三・一三〇
大米	九一二・七二五
蠟燭	七・六七一
染料品	一一・二七二
皮貨類	二一・〇二六
汽發油	一三・四二五
甘草類	二二・九二三
魚蝦類	二六・七八二

一九三一年下半期各月輸出數量表

品名(七月)	數量	總價值
洋火	一・七二五	四三・一二五・〇
豆油	三・二四〇	一二・九六〇・〇
高粱	一九・七四五	九・八七二・五
小米	二・八四〇	四・二六〇・〇
穀子	五五・一四〇	三八・五九八・〇

阿城縣

菉豆	五七五	六三二.五
小豆	九三七	一.四〇五.五
元豆	六六.二〇一	七二.八二一.一
豆餅	七.三四五	五.一四一.五
芸豆	九九〇	一.四八五.〇
包米	一.五四三	一.五四三.〇
蕎麥	五七	五一.三
小麥	二八.七一五	二五.八四三.五
旱稻	一.九七二	四.九三〇.〇
水稻	三.七一六	九.二九〇.〇
繩索	七七五	五.四二五.〇
線麻	一〇五	六三〇.〇
黃菸	二一四	一.二八四.〇
鐵器	一五〇	二.二五〇.〇
陶器	一二六	五.〇四〇.〇
獸皮	三.七五〇	一一.二五〇.〇

其他	五・七三〇	二八・六五〇・〇
合計	一九五・五九二	二八六・四八七・九
品名(八月份)	數量	總價値
小麥	二・〇三〇	一八・二七〇・〇
包米	一・二〇五	一・二〇五・〇
豆油	二・九七三	一一・八九二・〇
豆餅	五・五一七	三・八六一・九
高粱	一一・二一七	五・六〇八・五
元豆	四七・二八〇	五二・〇〇八・〇
小米	一・七五〇	二・六二八・〇
菉豆	三三七	三五九・七
芸豆	一〇五	一五七・五
白芸豆	七八	一七七・〇
蘇類	一三四	八〇四・〇
旱稻	二一五	五三七・五
繩索	二〇五	一・四三五・〇

黃菸	一三五	八一〇・〇
洋火	二・一二〇	五三・〇〇〇・〇
鐵器	一三三	二・〇三五・〇
陶器	九七	三・八八〇・〇
木器	三・七一五	一・一一四・五
穀子	七七・二八〇	五四・〇九六・〇
片張	二・四一三	七・二三九・〇
水稻	四・二二九	一〇・五七二・〇
其他	七・二一五	三六・〇七五・〇
合計	一七〇・三七七	二六七・六九五・六

品名(九月份)	數量	總價值
元豆	六二・七六四	六九・〇四〇・四
豆油	四・〇九五	一六・三八〇・〇
高粱	二三・七一〇	一一・八五五・〇
豆餅	三・三一七	二・三二一・九
小麥	七・八五二	七・〇六六・八

小米	一•八五〇	二•七七五•〇
大麥	四二五	二五五•〇
菉豆	一三九	一五二•九
小豆	七五九	一•一三八•五
包米	二•〇〇〇	二•〇〇〇•〇
陸稻	九二七	二•三一七•五
黃菸	四五八	二•七四八•〇
水稻	五•六二〇	一四•〇五〇•〇
洋火	四•六一〇	一一五•二五〇•〇
鐵器	一七五	二•六二五•〇
木器	七•七三〇	二•三一九•〇
陶器	一七〇	六•八〇〇•〇
蕎麥	一〇五	九四•五
穀類	六•二五四	四•三七七•八
線麻	三〇五	一•五二五•〇
生皮	二•五一七	七•五五一•〇

品名(十月份)	數量	總價值
熟皮	一・八二〇	六三・七〇〇・〇
合計	一三七・六〇二	三三六・四四三・三
品名(十月份)	數量	總價值
小麥	三一・二五〇	二八・七一五・〇
大麥	三二七	一九六・二
元豆	八八・一五六	九六・九七一・〇
高粱	七・八五〇	三・九二五・〇
小米	三・七一五	四・七六二・五
菉豆	二三五	二五八・五
小豆	三五〇	五二五・〇
芸豆	四四五	六六七・五
豆油	五・五〇三	二三・〇一二・〇
豆餅	三・二七一	二・二八九・七
包米	二・〇五〇	二・〇五〇・〇
麻	二九五	一・七七〇・〇
洋火	三・一四二	七八・五五〇・〇

鐵器	二二五	三・三七五・〇
木器	五・八七〇	一・七六一・〇
穀類	九・六四〇	六・七四八・〇
皮張	一六・二四〇	四八・七二〇・〇
生皮	八・二五〇	二四・七五〇・〇
蔬菜	二・五六七	二三・一〇三・〇
陸稻	二・〇五五	五・一三七・五
水稻	一・五二〇	三・八〇〇・〇
其他	二・七九五	一三・九七五・〇
合計	一九五・二一一	三七三・四七一・九

品名(十一月份)	數量	總價値
穀類	七九・六一五	五五・七三〇・五
飲食品	二二五	一・八〇〇・〇
小米	一・三四〇	二・〇一〇・〇
元豆	九・七一五	一〇・六八六・五
小麥	二・一〇五	一八・九四五・〇

黍子	一・二七五	三・八二五・〇
豆餅	三・一四五	二・二〇一・五
豆油	二・一七五	八・七〇〇・〇
高粱	一・七五四	八七七・〇
包米	一・七五五	一・七五五・〇
菉豆	七七〇	八四七・〇
小豆	六五二	九七八・〇
芸豆	五三〇	七九五・〇
白芸豆	八六五	一・二九七・五
黄菸	三二〇	一・九二〇・〇
鐵器	一七七	二・六五五・〇
水稻	七・五八〇	一八・九五〇・〇
旱稻	九三五	二・三三七・五
皮張	九・七五〇	二九・二五〇・〇
線麻	一・八五五	一一・一三〇・〇
木料	七・五〇〇	二・二五〇・〇

其他	六・六〇〇	三三・〇〇〇・〇
合計	九九・五八二	一二二・三一一・一
品名(十二月份)	數量	總價値
黃菸	三五九	二・一五四・〇
小麥	二七・五〇〇	二四・七五〇・〇
元豆	五二・一四〇	五七・三五四・〇
高粱	一・三四五	六七二・〇
豆油	二・〇三五	八・一四〇・〇
豆餅	二・八〇五	一・九六三・五
穀類	三・四二七	二・三九八・九
蔴類	一九五	一・一七〇・〇
小米	三・九一五	五・八七二・五
菉豆	一・八七〇	二・〇五七・〇
小麥	九九五	八九五・五
蕎麥	一〇四	九二・七
大麥	七七五	四五三・〇

食品	三三二	二・六五六・〇
水稻	二・〇〇五	五・〇一二・五
旱稻	一七九	四九二・五
鐵器	九七	一・四五五・〇
陶器	一〇五	四・二〇〇・〇
洋火	一・三〇〇	三三・五二〇・〇
獸皮	二・一七八	六・五三四・〇
木材	七・七一九	二・三一五・七
其他	三・三四五	一六・七二五・〇
合計	一一四・七二四	一七九・九五四・三

大同元年度月別貨物輸出入及交易額狀況

貨物輸入狀況(單位斗)

種別＼月別	一月	二月	三月	四月	五月	六月	七月	八月	九月	十月	十一月	十二月
元豆	17735	3115	5289	696	606	250	771	186	2555	4834	29923	46383

月別	小麥	小米	稻米	紅粮	面粉
一月	3537	95	250	1928	600
二月	1532	56	45	2128	540
三月	909	81	21	2213	480
四月	53	30		591	460
五月	115	51		472	470
六月	20	21		234	430
七月	1			1016	520
八月	1	3		352	520
九月	874	86		1617	550
十月	531	48	50	439	600
十一月	754	78	101	1633	960
十二月	2835	29	112	2040	890

大同元年度輸出狀況(單位斗)

阿城縣

月別＼種別	元豆	小麥	小米	稻米
一月	9569	2461	73	232
二月	1192	339	16	
三月	4704	189	67	
四月	212	6	19	
五月	606	113	40	
六月	248	35	19	
七月	391			
八月	176		3	
九月	2532	850	41	
十月	4828	528	48	3
十一月	29393	748	73	5
十二月	39888	2491	28	60

紅糧	1709	110	114	439	466	215	1016	352	1579	439	1627	1875
豆油	9000	62200	32700	12410	5000	550			1800	2600	18000	47600
豆餅	1300	1100	1400	2100	2400	1700	1100	980	680	400	700	820

大同元年度月別交易狀況(單位千元)

月別＼種別	雜貨商	估衣商	藥商	瓷鐵商	糧米麵商
一月	45	3	2	4	30
二月	50	3	2	4	27
三月	40	2	1	4	27
四月	40	1	1	3	24
五月	30	1	1	2	27
六月					
七月					
八月					
九月					
十月	30	2	1	2	30
十一月	40	2	2	3	40
十二月	40	3	2	4	60

由六月至九月之期間因受胡匪擾亂殘局殆均行停業

阿城縣商會謹將本城事變後荒閉各商造具一覽表

號別	營業種類	資本金額	損失金額	開業年月日	經理人
大來當	當商	四萬八千元	二萬六千元	民國三年四月	李德懋

東昇當	仝	四萬八千元	三萬九千元	民國十年七月	陳化民
順源當	仝	二萬一千元	三萬四千元	民國七年三月	趙春鰲
恆源當	仝	一萬二千元	二萬六千元	民國元年四月	王慶祥
同發當	仝	二萬二千元	一萬一千元	民國十九年五月	劉子軒
全豐當	仝	一萬元	一萬六千元	民國十七年六月	范俊五
聚豐當	仝	二萬四千元	二萬二千元	民國六年四月	陳惠林
天裕當	仝	一萬八千元	九千二百元	民國十二年五月	劉子修
會同當	仝	七千元	六千七百元	民國十七年二月	王耕九
公益當	仝	三萬六千元	二萬九千元	民國三年六月	呂金題
永和當	仝	一萬元	一萬三千元	民國十七年三月	陸翰章
會源當	仝	三萬六千元	二萬二千元	民國六年七月	單士元
雲生長	銀匠舖	二萬元	一萬二千元	民國元年四月	王化亭
日增成	仝	七千元	四千二百元	宣統元年七月	王秀峰
興盛達	錢商	二萬元	九千元	民國十五年四月	劉志卿
公和永	雜貨商	一萬元	六千二百元	民國十九年八月	秦繼周

裕興雨	仝	一萬五千元	一萬三千元	民國二年七月	王善廷
永聚興	仝	八千元	七千五百元	民國十七年四月	劉德泰
同聚興	借貸莊	一萬元	七千元	民國四年二月	王兆興
同合慶	仝	一萬元	八千元	民國九年四月	高新民
同昌信	仝	一萬元	六千元	民國十六年三月	甯純遠
總計	二十一家		三十二萬六千八百元		

五、工業

本縣農業最盛至工業方面除油坊燒鍋兩者外別無可言

阿什河製糖廠

該製糖廠係波蘭人發起於宣統元年由俄國資本家創立者資本金一百萬盧布設株式會社於阿什河城外距中東鐵路阿什河站里許現在歸法人卡岡氏所有於昭和三年其唯一之販賣權爲日商三井獲得矣

該廠共有補助汽罐五、蒸氣機械三、在札如梅工廠有機械五三、在精製工場附帶工場有機械五四云用甜菜製成砂糖因氣候關係每年僅由十月底起至次年三月止之一百四十日間耳自三四年來財界不振之關係現已中止製造矣

又在本縣城有滿人經營之明遠火柴公司其資本金爲哈洋十五萬圓商標爲金鷄
在阿城縣城有阿什河電燈公司

六、鑛業

由前觀之本縣山脈極少故無可紀述之鑛業僅將少數之鑛產物列舉如下
至少量之產物僅在縣境東部之第二第五兩區出產
玆將產物及產地略爲紀述

石灰	第五區—石虎嶺及團山子附近
石英	第二區—干家店附近
	第五區—小老營附近
銀	第五區—泉眼河附近大石頭河子附近
水銀	第五區—孤嶺子附近
顏料	第五區—大石頭河子附近

第五　行政

一、行政機關

縣行政機關如次

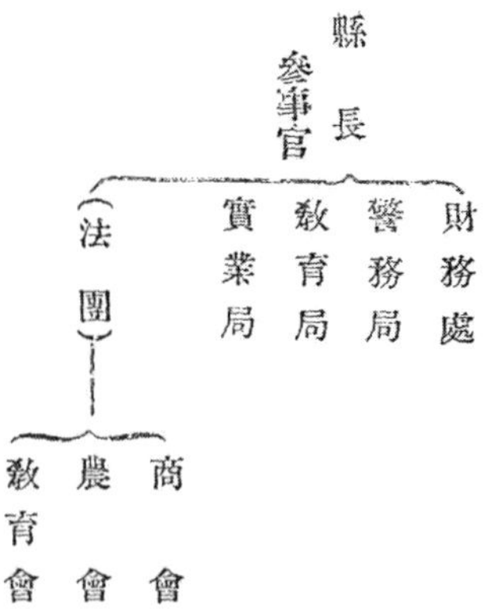

此外有鄉區電話局一處

茲將縣公署之職權詳爲紀述

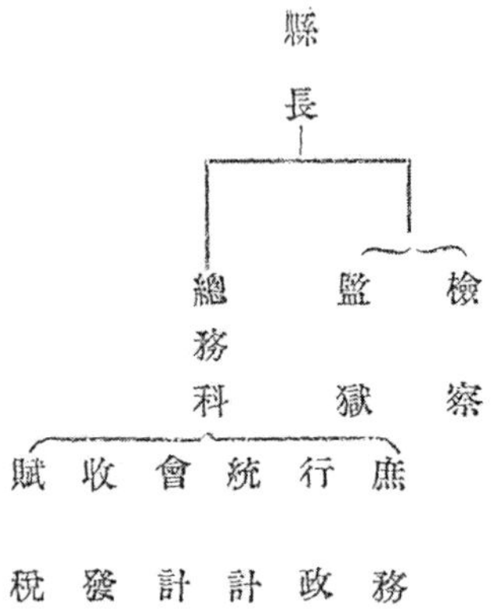

此外有阿城稅捐局担任徵稅事宜

茲將警務局之組織詳爲紀述

警務局
- 警務科
- 保安科
- 司法科
- 衛生科
- 督察署
- 第一區警察署
- 第二區警察署
- 第三區警察署
- 第四區警察署
- 第五區警察署
- 警察隊
- 衛生隊

二、財政

大同元年度行政費收支狀況

本縣公署經費除每月由省公署撥支一千二百元外其關於地方財務處所管之歲出入狀況如次

阿城縣地方財務處大同元年度歲入支出決算一覽表

歲入部（單位國幣）

科目	金額
埫捐	一六・四六五・八八八
出口糧捐	一二・三五〇・三七五
特別車捐	七一一・六五〇
房捐	三・四九六・六九五
妓女捐	四四・七〇〇
經紀捐	七・七九一
旅店捐	二七・三九八
屠獸捐	六八五・三〇〇
車牌捐	四・三九四・〇〇〇
各項公捐	五・八一二・五二三
營業捐	九・九八三・一一二
五厘捐	四・八六六・五二〇
補助費	三九・〇〇〇・〇〇〇
合計	九七・八四五・九〇一

支出之部

科目	金額
警務局	三一・七三〇・〇四四
教育局	一七・八八七・二七八
保衛隊	二・七〇五・六一一
財務處	九・五一七・一五〇
電話局	六・九七五・〇〇〇
農會	二・二三二・〇〇〇
縣公署修繕費	一・三三五・六五〇
縣公署購買費	一・〇〇〇・〇〇〇
譜譯費	八三二・〇〇〇
探照燈費	二・八〇〇・〇〇〇
建國週年會費	四九九・〇〇〇
招待日軍房屋修繕費	一六八・三四七
慶祝承認會補助費	六・七三四
電網費	四・八五六・二五〇
探照燈架工料費	一・二九六・三七七

春耕貸款委員會費	七三一・九七三
自衛團辦事處	九九・五〇〇
植樹節費	六二・一二九
地方公用電報費	三五・七六〇
文廟看工費	一〇三・八九五
商會經費	八・一四九・六八一
鄉正津貼費	五・一九八
計	九三・〇二九・〇五七

阿城縣地方支出預算表

摘要	元年七月起至二年二月止之決算額	全年度預算
公安局經費	四六・七九〇・〇三〇	七一・〇七六・八四
教育局經費	二二・一九一・八五〇	三三・八七六・八四
保衛團經費	八・三一七・〇〇〇	一五・二三〇・七六
財務處經費	五・八四一・五〇〇	八・九二〇・四四
電話局經費	三・三五三・八四〇	五・〇三〇・七六
教育會經費	八〇〇・〇〇〇	一・〇三八・四八

農會經費	一・一四四・六一五	一・七一八・一一六
商會經費	一・二一二・三〇七	一・八一八・四八
縣署修繕費	七六九・〇〇〇	七六九・〇〇
縣署購置費	七六九・〇〇〇	七六九・〇〇
祭文廟費	五三八・四六一	一・〇七六・九二
祭武廟費	一五三・八四一	三〇七・六八
文廟修繕費	七三〇・七六九	七三〇・七七
日文繙譯費	一九二・三〇七	五七六・〇〇
鄉正津貼	一五・三八四	三〇・七七
教育補助費		五・七二五・二〇
合計	九二・八一九・九〇四	一四八・七一六・一〇

阿城縣收入預算表

摘要	元年七月起至二年二月止之決算額	全年度預算
垧捐	七四・三〇七	六五・三八四・五五
糧捐	八・八一四・〇三一	一一・五三八・四五
房捐	一・二八四・二二七	一・九二三・〇八

車捐	三五四・〇〇〇	七六九・二三
棹捐	三・六〇三	三八・四六
旅店捐	一四三・二〇七	三八四・六二
屠獸捐	四二五・六一五	七六九・二三
營業捐	四・九四四・三三三	一一・九二三・一八
五厘捐	二・四五八・六〇一	五・九一一・五三
車牌捐	二・八三九・六一五	五・三八四・六一
公租捐	六〇四・八〇〇	六〇四・八〇
妓女捐		一一五・三八
合計	二一・九四六・三三八	一〇四・七四七・一二

大同元年度前半期月別國税徵收狀況（單位哈洋）

月別	金額
七月	一五二九・五一
八月	八五六・五二
九月	二五三七・六三
十月	三七三六・四三

十一月	一五・四三〇・八一
十二月	二三・三一九・四七

阿城縣公署租賦處收納表（單位國幣）

科目	十月	十二月	（七、八、九、十一月份無）
大租	三・〇八	四六・四六	
滯納費	一・二二	一八・五八	

阿城縣公署稅契處收納表（單位國幣）

科目	九月	十月	（六、七、八、十一月份無）
買契稅	一五七・一〇	九六・六〇	
契紙費	五・三八	二一・〇八	
典契稅	一二・三二		

茲將本縣現在施行之地方稅率表列舉如左用備參考

阿城縣地方稅率表

稅種	幣別	徵收率
垧捐	吉林大洋	每垧地徵垧捐吉大洋一元收積谷費一角
五厘捐	吉林官帖	各商號按賣錢數目每百吊徵收五百文

營業捐	仝	按賣錢數目每百吊徵收一吊
出口糧捐	仝	對於輸出各種糧石按相當價格值百抽二
經紀捐	仝	對於兩替店每月每處徵收五十吊對於買賣經紀徵收二五吊
旅店捐	仝	對於旅店每住客一名或馬一頭每宿徵收銅元一枚(一吊)
車牌捐	吉林大洋	五套馬以上者年收大洋二元四套馬以下者大洋一元五角一套馬者一元
房捐	仝	瓦房甲種一間年收四元乙種二元六角八分草房甲種一間二元六角八分乙種一元二角四分
屠獸捐	仝	對於屠宰業者每屠牛一頭徵收九角豚一口三角羊一隻一角五分
妓女捐	仝	甲種月收大洋五角乙種四角丙種三角
戲捐	吉林官帖	每開演一次徵收五十吊
磚瓦窰捐	吉林大洋	按磚瓦工場每窰一個年收大洋二元
稻田捐	仝	每水田一晌年收大洋二元
特別車捐	仝	每乘客馬車一輛月收大洋一元斗車(小型者)月收五角
汽車捐	哈大洋	大型者月收哈大洋十元小型者月收哈大洋六角

大同元年度本縣金融狀況

查本縣從未設立銀行至金融之流通惟有貸款莊及錢舖是賴然至去年五月底因被馮軍佔據各商店多數倒閉雖將金融

之道杜絶自本年春縣商會向中央銀行繼續交涉貸款用資救濟其款數爲國幣三十萬元去冬復有省貸金貸款由省公署貸與款額七萬元因商會長外出及其他種種關係僅貸出六千元於此期間用作流通地方官帖之收回費用二萬元餘者尙須盡數返回省公署焉

査前年十二月間爲補助地方經費枯竭起見由地方財務處發行「阿城縣地方財務處經費兌換劵」已用此項省貸款於今年六月完全收回矣　査此項官帖乃用作少數之交易乃竟與地方民以無上之痛苦蓋以其價格變動過甚在發行時哈洋一元僅兌三百吊左右然爲時不久竟落至三千吊矣

三、警備關係

警務局

警務局方面局長以下之官員長警共一百二十名及警察隊一百零一名合計二百二十二名於縣城置警務局設警察署及分駐所於各區以執行警察行政

警察隊受警務局長之指揮註屯於縣城及各區補助縣內行政警察之不足並担任游動剿匪事務

警務局現狀調査表

名稱	官級	姓名	人員數	駐在地
警務局	局長	邵中嘏	十二	菜市門裡
第一區警察署	署長	陸坦逢	十四	大什字街西

警察隊現況

A. 隊長履歷

第一區警察署第一派出所	巡官	關敬銓	六	正東門
第二派出所	仝	盧廣秀	六	柴市門
第三派出所	仝	邱文祥	六	菜市門
第四派出所	仝	劉德馨	六	正南門
第五派出所	仝	朱光偉	六	西北門
第六派出所	仝	謝廷恩	六	正北門
第七派出所	巡官	邢寶山	六	第一署院內
第二區警察署	署長	張九榮	八	永增源
第一派出所	巡官	郭長永	四	料甸子
第三區警察署	署長	胡啓泰	十二	范家屯
第四區警察署	仝	趙耐寒	十二	紅旗屯
第五區警察署	仝	毛遇順	十二	二層甸子
計			一一二	

陳銘新　三四歲　奉天黑山人　曾充營長

B. 隊長與縣長及警務局長之關係

毫無何種親屬關係係一端莊嚴整之人物

C. 隊長與幹部之關係

不但與隊長無親戚關係更非已往之知交

D. 編制

(1) 中隊之下分三小隊小隊更各分三班每班十名中隊有號兵四名　炊夫三名

總員數爲一〇一名

(2) 武裝　大槍十五棵　手槍一棵(隊長)

(3) 素質　大部爲阿城籍(九十八名中他縣者三十七名)　均係三十五歲以下二十五歲以上之壯丁其素質優良

(4) 給與

職名	人員	薪俸數
中隊長	一	五〇元
小隊長	三	三〇
內務警長	一	一六
外務警長	三	一六

二等警長	六	一四
一等警士	二〇	一〇
二等警士	三〇	九•五〇元
三等警士	三〇	九
號兵	四	一二
夫役	三	八
計	一〇一名	

薪餉經費月支一一二五元

薪餉外每月辦公費一〇元

E. 配置及任務

該隊附設於縣城警務局內

担任阿城縣管內之勦匪及維持治安事項現雖無武器然每日實施三時間之教練及三時間之學科日有長趨之進步將來發給武器再實行以徹底的訓練以一中隊相信可剿盡全縣之胡匪

阿城縣警務局大同二年度警察經費數目調查表（大同二年九月十五日）

警務局 薪俸 七•七九〇八•（國幣以角爲單位）

公費 四六一五•

	雜費	四・三九三八
	服裝費	一〇・五五九六
	子彈費	一・九二三一
	祭關岳費	九二三
第一區警察署	薪俸	七・八四六一
	公費	一三八四
第二區警察署	薪俸	一・五五五四
	公費	九二三
第三區警察署	薪俸	一・五五五四
	公費	九二三
第四區警察署	薪俸	一・五五五四
	公費	九二三
第五區警察署	薪俸	一・五五五四
	公費	九二三
警察騎兵第一分隊	薪俸	一・七九〇七
警察騎兵第二分隊	薪俸	一・七九〇七

警察步兵中隊	薪俸	一〇・二九二三
警察步兵中隊	公費	九二三
衛生隊	薪俸	二・三四四六
	公費	二七六九
	馬乾	四四三一
	開辦衛生隊費	五八四六
合計		六一・一〇三八

自衛團

一、職業的自衛團數目

總計保甲牌共有六十七處再加入所有分所約百餘處

然全部殆盡係職業式的尤以縣城之自衛團爲最除自衛團之任務外別無所事地方自衛團有兼營農業之團丁

阿城縣從來胡匪過多故所受匪害已甚因此種關係形成職業式的誠非得已即將來將胡匪完全剷除事項事實亦不無困難是以自衛團有必須專事自衛活動之情形而形成職業式的與他縣有若干不同之情形也待胡匪肅清職業式的自衛團當即同時解散

二、阿城縣自衛團員一覽表

職別	姓名	原籍	年齡	聲望	履歷
第一團團總(城內)	張雲登	阿城	三八	良	阿城農會副會長
第一團一保董(城內)	王永齡	,,	四三	資望優良	阿城保衞總隊長
,, 二保董(城內)	金蔭棠	,,	四〇	,,	東北堡董
,, 三保董	孫鳳池	,,	四〇	,,	阿城自衞團辦事處督察員
,, 四保董(城內)	佟衣庫	,,	四七	優良	西南隅保董
第二團團總(二區)	劉品璋	,,	三四	,,	北京高等警察學校卒業奉天商埠局長
第二團副團總(二區)	計民生	,,	三九	,,	中學卒業阿城五校長視學
第二團一保董(二區)	張玉衡	,,	三三	,,	哈市高等警察學校卒業
,, 二保董(,,)	許壽山	,,	三七	,,	行伍
,, 三保董(,,)	張萬寶	,,	三九	,,	高小卒業
,, 四保董(,,)	王珍	,,	三四	,,	陸軍步兵中尉
,, 五保董(,,)	關慶年	,,	三六	,,	行伍
,, 六保董(,,)	張鳳春	,,	三六	,,	保董
第三團團總(三區)	張百深	,,	三四	,,	吉林省立師範及北大卒業

職別	姓名		年齡		出身
第三團副團總(〃)	潘財	〃	四八	〃	保衛團第三隊長
〃一保董(〃)	張永德	〃	四八	〃	甲長
〃二保董(〃)	沃榮棠	〃	三二	〃	高小卒業
第三團三保董(三區)	那寶田	〃	三六	〃	高小卒業
〃四保董(〃)	張子雲	〃	三一	〃	阿騎隊長
第四團總(四區)	張崑	〃	五〇	〃	阿農會副會長
〃一保董(〃)	王振琦	〃	四〇	〃	保衛馬隊正隊長
〃二保董(〃)	戴錫恩	〃	四〇	〃	雙城保衛第三隊長
第五團團總(五區)	李允昌	〃	四〇	〃	吉林自治訓練所卒業第四區長
〃一保董(〃)	孟凌江	〃	四二	〃	行伍
〃二保董(〃)	杜雨春	〃	三八	〃	行伍
〃副團總(〃)	張基昌	〃	三三	〃	高小卒業

區別/職別	團總	副團總
一區	一	
二區	一	(一)
三區	一	(一)
四區	一	
五區	一	(一)
計	五	(三)

保董	甲長	牌長	團丁	計
四		八	一〇〇	一一三
六	一五	六	七一〇	七三九
四	九	三	五一五	五三三
二	九	三	三九六	四一一
二	六	九	三〇〇	三一九
一八	三九	二九	二〇一〇	二二一五

三、武裝

1.每人均持有大槍一棵

其中雖間有洋砲但居少數

2.籽彈極少每人約平均二〇粒至五〇粒

3.保董及團總等雖間有持有手槍者然其籽彈數目亦屬少

4.尤以第一團(城內)之武裝爲劣

四、素質

(1)查團之組成以土地所有權者爲主故他村之人亦極少數卽或有之蓋係阿城縣人也

(2)如不加訓練與胡匪程度無何差別

(3)縣城內之自衛團據一般批評行爲似稍欠謹愼刻正實施調査

五、經費

(1)第一團之經費由商務會擔任

(2)縣城以外各團之經費由甲長向各戶按地攤派每垧徵收二角至三角用充此項經費

六、薪給狀況

(1)團總六〇元　保董三十元　團丁由六元至九元

(2)薪給之規定比較似尙公允

(3)惟縣城方面一般人民以有日軍屯駐之關係均謂無設自衛團之必要

胡匪狀況

一、匪首系統

1.孫朝陽　以出沒於帽兒山北方以至東南方地帶爲主間亦有時出沒於賓阿兩縣界之附近

2.三省　訪賢　海流　心順　四合　訪友　全好　黑塔　天合　占江龍　天河　雲中飛

平心　山四海　四海　天德　九江　打的好　金五龍　天赦　九勝　魁首　江東　德勝

江北　東邊　海東　德喜　全勝　混江龍　五俠　天和

以上之各各部下均有二十名以上四五十名之匪數其各匪首集合時其中之最有力者則舉爲總頭目

二、性質

1. 以一般性格論尚不甚凶猛

2. 爲求食糧而出沒於各地者甚多是以有時常移動之情形

3. 査有力之匪首受其指揮之部下亦均不足百名最多者五十名耳聞有二百三百者係由於數團合併而成

三、胡匪數

賓縣大街以北約二〇〇名

但常在松花江之左右岸移動無一定之實力

在賓阿兩縣境界並阿城縣東南地帶約五〇〇名

在阿城縣東南部者時與紅槍匪大刀匪接近出沒無常

四、武器

1. 均有大槍

2. 孫匪尚有一二架機關槍

3. 武器種類繁多

五、其他

1. 在其他各地有數人或數十人成帮之毛賊

2. 如匪首平心所率之胡匪多係砬子溝及二層甸子西方地帶之土民受胡匪化而起者故無遠行之可能

8.最近因日軍及有力自衛團之竭力追剿業漸就疲憊似有日趨歸順之狀態矣

4.自八月八日以後胡匪逐次減少似漸向東方移動然由現狀觀之似有預備襲擊賓州之行動可斷言其必無成效

阿城縣司法公署監獄之監犯數目年齡及其犯罪種類如次(大同二年九月十四日)

既決犯　(總數十四名)

		年齡(平均)
匪犯	三人	二五
離婚	一人	二三(女)
	四名(内女一)	四二
殺人	二人	六二・三九
妨害權利	一人	五四
強姦	一人	三九
盜犯	一人	三五
強盜犯	一人	三七

未決犯

匪犯	六人	三一
盜犯	十八人	三二

侵佔	一人	四一
殺人嫌疑	一人	三九
携帶軍犬	一人	二七
殺人	三人	三三
烟犯	一人	二一
竊盗	二人	五一
通匪	二人	四九
人命	三人	二六
隱匿盗犯	二人	四六
擔保	二人	三七
賭博	三人	二八
漏契	一人	二一

第六 宗教、教育、

一、宗教

本縣人民之信仰宗教比較他縣爲深

本縣佛教最盛回教次之基督教又次之

種別	信徒數
佛教	五・八五八
回教	三・八〇一
基督教	六〇四
總數	一〇・二六三

二、教育

本縣昔時教育頗盛茲列述現在之學校狀況如左

第一小學校

（西北門裡）

職員數　十一名

高級生數
一年級男三五・女一〇
二年級男三七・女　二

初級生數
一年級男八三・女一二
二年級男三四・女一二
三年級男三五・女一四
四年級男三〇・女　三

合計　三〇七名

第三小學校（娘娘廟院）

職員　四名

初級生數　一年級男六六・女一三

二年級男一八・女　七

四年級男一六・女　八

合計　一二八名

第四小學校（城隍廟院）

職員　四名

初級生數　一年級男六二・女三三

二年級男三六・女一三

三年級男一二・女　二

四年級男一八・女　一

合計　一七七名

第五小學校（西南門裡）

職員　四名

初級生數　一年級男五九・女三二
二年級男一九・女　三
四年級男　八・女　四
合　計　一二一名

第六小學校（廂黃旗屯）
職員　一名
初級生數　一年級男二八
二年級男　八
合　計　三六名

第十一小學校（白城）
職員　一名
初級生數　一年級男二三・女二
二年級男四
三年級男九
合　計　三七名

第二十小學校（大岳溝）

職員　一名
初級生數　一年級男一八・女四
　　　　　二年級男　四
　　　　　三年級男　八・女四
　　　　　合　計　三八名

第二十五小學校(西崗子)
職員　二名
初級生數　一年級男二九・女四
　　　　　二年級男三二・女七
　　　　　四年級男一三・女二
　　　　　合　計　八七名

第二十九小學校(料何子)
職員　一名
初級生數　一年級男二四
　　　　　二年級男　八
　　　　　三年級男　六

四年級男　三
合　計　三九名

第三十小學校（西紅旗）
職員　一名
初級生數　一年級男二九
二年級男　七
三年級男　四
合　計　四〇名

第三十一小學校（常興屯）
職員　二名
初級生數　一年級男四〇・女一五
二年級男一九・女　六
三年級男一一・女　四
四年級男一三・女　五
合　計　一一三名

第三十四小學校（菜市門裡）

職員　九名
高級生數　一年級男四九・女　五
　　　　　二年級男一六・女　四
初級生數　一年級男六四・女三〇
　　　　　二年級男二八・女　五
　　　　　三年級男二八・女　八
　　　　　四年級男三二・女　四
　　　　　合　計　二七三名

吉林省立第三師範學校（阿城縣街柴門裡）

職員　十六八

學生數

（一）師範部

後期二年一期一班三十七人（內有女生六名）
後期一年一期一班三十一人（內有女生一名）
三年師範講習科二年一期一班二十五人
初中三年一期一班十六人

初中二年一期一班三十二人

計男生一百三十四名女生七名

總　計　一百四十一名

(二)附屬小學部

高級男三十五名女七名　合計四十二名

初級複式一班

甲級男二十七名女六名　合計三十三名

乙級男二十五名女十二名　合計三十七名

初級複式二班

甲組男十四名女十一名　合計二十五名

乙組男二十八名女十八名　合計四十六名

上記高級一班及初級複式兩班合計學生一百八十三名

第七　交通、電報、話、

一、交通

鐵道橫貫本縣之中央部分至河川方面有松花江流於北方縣境其支流阿什河順流南北且道路四通八達交通稱便

(1)道路

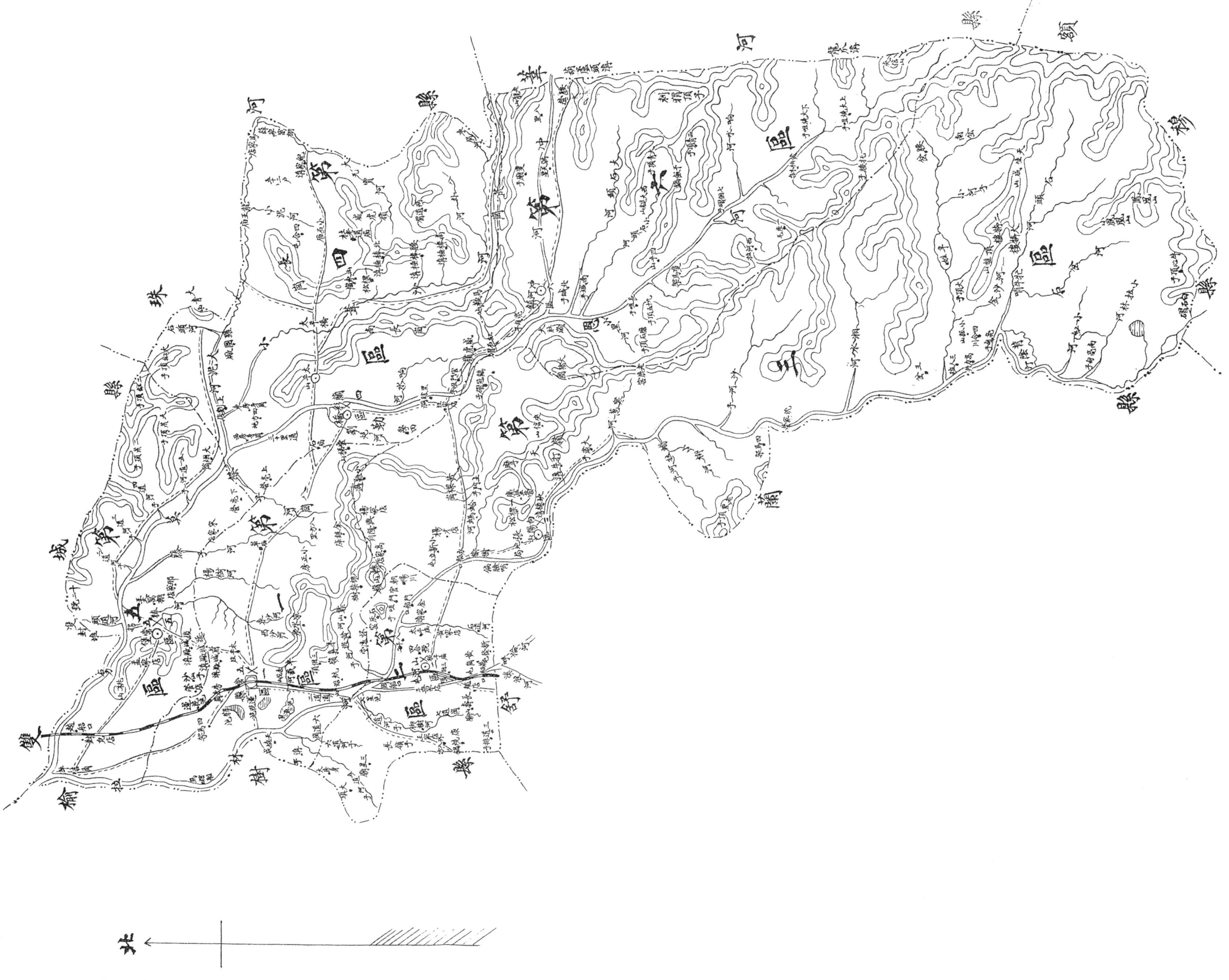

五常縣圖

阿城	哈爾濱	四四 K.m.
阿城	雙城縣境	二八
阿城	拉林	三七
哈爾濱	賓州	七三
黃山咀子	料甸子	三一
蜚克圖	牛拉城子	三〇
牛拉城子	至賓縣縣境	二四
黃山咀子	新立屯	一〇
新立屯	聚源昶	一九
聚源昶	蜚克圖	二七

上述各道路雖稱修築竣事然猶僅具路形仍屬土質脆弱不克通行汽車之處尚多車馬入已可通行無阻如再用肉拉機工作當即堅固矣惟賓州大街天氣良好汽車可通哈爾濱—阿城—拉林間有國際定期汽車運行焉

(2)河川狀況

因有松花江及阿什河水運稱便

二、電報、話

(1)電報

阿城哈爾濱及阿城雙城間可通電報

此項電報歸哈爾濱電政管理局管轄

(2) 電話

a. 北滿鐵路之電話

b. 阿城—哈爾濱 ⎫
c. 阿城—雙　城 ⎭ 均通電話

d. 阿城經帽兒山至一面坡亦有電話

此項電話亦歸哈爾濱電政管理局管轄然遇發生變故不克通話之時甚多

(3) 郵政

阿城郵局爲二等局

在二層甸子及料甸子有分局

阿城—拉林間每日往返一次

其他各處則數日一次

五常縣

目次

五常縣

第一　地史

五常縣城一名稱爲歡喜嶺上古史不能詳考遼時屬於阿延女眞部明時屬於代阿憐衞淸同治八年設五常堡協領光緒八年設五常廳同知宣統元年改稱五常府民國二年改爲五常縣以至於今日此五常縣之略史也

第二　位置

五常縣城位於縣之西北部距吉林省城東北三百六十華里東界葦河縣南鄰穎穆縣舒蘭縣西近楡樹縣北與雙城縣珠河縣爲毗隣

第三　地勢

一、山　脈

二、河　川

松花江支流之拉林河橫貫縣之中央其支流則由縣之西部流入楡樹縣境

第四　氣候

第五　面積　人口

一、面　積

本縣總面積七十三萬八千二百垧爲吉林省之第三等縣其詳細垧數如左

熟　地　一九二・二〇〇垧

山　林　一五三・〇〇〇

荒　地　二五〇・〇〇〇　（可墾地　一〇〇・〇〇〇垧、不可墾地　一五〇・〇〇〇垧）

河流湖沼　一四三・〇〇〇　（內含河套）

合　計　七三八・二〇〇

二、人口

本縣人口戶數約三四・五八七戶人口數二四三・七九四人蓋均爲滿洲人現在稍有日本人及朝鮮人雜居將來拉賓線完成後恢復治安人口之增加大有厚望焉

戶口數及人口數表列左　（大同二年八月調）

戶口數　三四・五八七戶

人口數　二四三・七九四人

內計　男　一二九・一一九人

　　　女　一一四・六三〇人

但從事變後縣內人口移動者甚多確實戶口數難以調查茲將大同二年一月末人口別列示如左

區　別　戶　口　人　口

一區	五・六一〇	六一・〇〇〇
二區	五・二一四	五二・〇〇〇
三區	三・二一七	三三・〇〇〇
四區	五・四六三	五一・〇〇〇
五區	五・五一二	五三・〇〇〇
六區	三・一一六	三〇・〇〇〇
合計	二八・一三二	二五三・〇〇〇

第六　行政

一、縣內各官廳

縣城內各機關及其所屬各機關並其所行之事務如左

縣公署（省公署）	公共團體
郵政局（交通部）	商會
電報局（〃）	縣農會
稅捐局（財政部）	電話局（地方）

二、縣公署

縣公署則直屬於省公署辦理縣內一切行政事務地方行政劃爲六區縣公署內則置左列各科局處隊分擔行政事務

縣公署組織表如左

縣公署
第一科
警務局
教育局
實業局
財務處
保安隊

第七　財政

財務處辦理縣內諸稅之徵收及編纂歲出歲入預算事務本處設五常縣城內左列各地則設分處用以徵收各地之稅捐

1. 五常縣城　7. 沖河
2. 山河屯　8. 炕沿山
3. 向陽山　9. 三道河子
4. 太平山　10 六道崗
5. 蘭彩橋　11 對兒店
6. 五常堡　12 馬家店

本縣財政狀況當事變時及事變後直陷於停頓狀態因匪賊佔據縣城掠奪放火一切行政完全停頓迄大同元年十二月日

本軍及滿洲軍入城剿匪以來努力開始治安工作及本年（大同二年）三月間縣內治安始漸恢復縣政亦漸漸得以進行

第八　稅目及徵收稅率

(1) 車捐（每年徵收一次不論牛馬車一律徵收之均以吉洋爲單位）

車一輛、馬一二套者　年徵吉洋一元

車一輛、馬二三套者　年徵吉洋一元五角

(2) 糧捐

糧米出售由公家規定行市以十日爲一期如過十日後則照原價九扣致於糧捐徵收率每一斗計算則徵收百二十五分之一例如高粱一斗公定市價爲三百吊時則徵收 $300\times\frac{5}{125}=12$ 即每斗高粱應納十二吊糧捐但徵收稅捐以吉洋爲單位則由賣主擔負之

(3) 屠宰捐（以吉洋爲單位）

每一牛徵收　八角　猪　三角　羊　二角

本縣並無屠宰所之設備徵收捐稅則於買賣時徵收之

(4) 木捐

以國稅爲標準按國稅十分之二徵收之稅捐則由賣主擔負

(5) 自動車捐（每年徵收一次以哈洋爲單位）

旅客自動車（係多數旅客同乘可謂長途汽車）每一台徵收十元

輕便自動車（小型普通乘用者） 每一台徵收六元

貨物自動車現在尚未規定

(6) 營業附加稅（以吉洋爲單位）

營業附加稅則委託商會代爲徵收接賣出款百分之三徵收之百分之一爲地方之收入百分之二則收入國庫

(7) 垧捐

垧捐則由縣公署徵收每年徵收一次每一垧徵收吉洋一元〇五分垧捐則爲地方稅之一徵收之款則作本縣之縣經費

以上稅目共爲七種粮捐、車捐則由大同元年十二月徵收之垧捐則由大同二年四月開始徵收然無有交易粮食粮捐收入額自然減少車捐每年徵收一次經年日久徵收亦較少屠宰捐因無牛猪可殺徵收額尤其減少至本年一月十日全縣稅捐收入八六九三元現在縣內尙無有自動車自動車捐亦因之無有收入及大同二年八月間縣內稅捐收入稍見恢復至八月十旬地方稅計算徵收額 四一・一〇二元二九

第九 歲入 歲出

五常縣於事變前每年歲入官帖七千萬吊（合國幣十四萬元）以歲入支出地方行政費無有不足時茲將民國二十年度本縣歲出歲入表列左

歲入		歲出	
垧捐	九六・〇〇〇	警察	三六・〇〇〇

附屬垧捐	一二・〇〇〇	保衛	四〇・〇〇〇
車捐	九・〇〇〇	教育	三六・〇〇〇
屠捐	三〇〇	其他	二八・〇〇〇
營業捐	九・〇〇〇		
木捐	二〇〇		
糧捐	一〇・〇〇〇		
學田稅	四〇〇		
電話稅	三・〇〇〇		
汽車稅	一〇〇		
合計	一四〇・〇〇〇	合計	一四〇・〇〇〇

右表各欄均以國幣爲單位其他一欄內含商會農會教育會等地方機關之經費如農事試驗場電話等係補助費

大同元年五月間滿洲國獨立後以至同年十一月間該縣完全被胡匪占領諸行政機關均陷於停頓狀態財政亦無收入至十二月間雖然漸次維持治安事變逃難者日漸歸來全五常縣城戶數亦不過六十戶人口數亦不到二百餘人當時仍然有胡匪蹂躪治安難以恢復全五常縣已陷不可收拾之狀態財源涸渴事實上財政已經破產

由大同元年十二月至大同二年一月收入支出表如左

（收入欄由大同元年十二月三日至大同二年一月十日以國幣爲單位）

收入		支出	
糧捐	三一九.七九元	警察	三三二六.四〇元
車捐	三二八.三二	保衛	四一一六.四二
屠捐	六.七〇	教育	三〇一.八四
木捐	三八.七五	電話	三三〇.〇〇
		財務	七七二.〇〇
不足	八六七一.〇八	試驗場	一五〇.〇〇
		雜費	四一八.〇八
合計	九三六四.七四元		九三六四.七四

大同元年十二月至大同二年二月視該縣之收入支出狀態卽知當時縣財政之窮迫狀況如何

玆將大同元年十二月至大同二年二月縣收入支出表列左

收入		支出	
糧捐	一〇八七.七〇四元	警務經費	八〇〇.〇〇〇元
車捐	一四六〇.三〇五	保衛團經費	八四七.〇〇〇
屠宰捐	八.三一六	教育局經費	一七〇.〇〇〇
木植附加捐	五八.五七七	教育會補助費	一五.〇〇〇

營業附加捐	一七一・七一五
合計	二七八六・六一七

農事試驗費	七〇・〇〇〇
電話局經費	一一〇・〇〇〇
財務處經費	二七〇・六一七
牌照費	三八四・〇〇〇
交際費	一二〇・〇〇〇
合計	二七八六・六一七

大同元年度歳入歳出豫算書

歳入

粮捐	二・一一七・五〇元
車捐	三・八五〇・〇〇
屠宰捐	一五四・〇〇
木植附加捐	七七・〇〇
垧捐	六・九七二・二五
附團垧捐	一・九九二・〇〇

歳出

警務經費	一一・一三二・〇〇元
保衛團經費	一一・九〇三・〇〇
教育局經費	二・四〇二・〇〇
教育會補助費	一七五・〇〇
農事試驗場	一・〇三〇・〇〇
電話局經費	一・五八六・〇〇
實業局經費	一・〇〇〇・〇〇
小學校	六・四八八・〇〇

合計 一五・九三二・七五

臨時費

警團服裝雜費	九・五二七・四〇
中學補助費	一・二〇〇・〇〇
購置費	六〇〇・〇〇
牌照費	一・七〇九・〇〇
子彈費	五・〇〇〇・〇〇
交際費	四〇〇・〇〇
電話材料費	三・〇〇〇・〇〇
學校恢復費	一〇・〇〇〇・〇〇
合計	六七・一五二・四〇

不足額 五一・二一九・六五

合計 六七・一五二・四〇

第十 租稅徵收方法

租稅分爲國家稅及地方稅兩種國稅由財政部直轄之稅捐局徵收之地方稅則由縣內財務處徵收之收入額充縣公署行政經費稅捐局及縣財務處於縣內各地設置分卡用以徵收遠隔各地之稅捐

茲將國家稅及地方稅之稅目並大同元年十二月以後卽大同元年度所徵收稅款數目列示如左

（A） 國稅

(1) 縣公署徵收各稅

契稅	一三五・九一元
田賦（自大同元年四月開始徵收）	一〇・四一一・一八
買賣米谷稅	一・二六七・〇八
斗稅	二五四・二五
山貨稅	二八九・二四
菸稅	一・五八四・三七
補助費	一・一四二・八二
酒稅	四・一三五・八八
菸酒牌照稅	一六二・一六
筒課稅	九二三・〇七
雜稅	八〇七・一二
合計	二〇・二〇九・〇六
田賦罰金	二・六〇一・六〇
合計	一三・一四八・六九

(2) 稅捐局徵收之稅捐（自大同二年二月二十一日開始徵收）

營業税	一・七六五・八三元
攤床税	六六八・四四
木税	八二四・五〇
木植税	六五九・五九
山分税	四九四・七一
木炭税	三二・一〇
牲畜税	五・一九七・九〇
國税總計	三三・二五七・七五

（B）地方税

(1) 縣公署徴收之税捐（自大同二年四月開始徴收）

垧捐	三五・四〇九・三二元

(2) 縣商務會徴收之税捐

營業附加税	一・八八一・九八元

(3) 地方財務處徴收之税捐

車捐（自大同元年十二月開始徴收）	一・六四三・五七元
屠捐	三三二・二六

木捐　二〇二・三四
糧捐　一・五四八・七二
合計　三・四二七・八九

(4) 警務局徵收之稅捐

營業許可證　三八三・一〇元

地方稅總計　四一・一〇二・二九

地方稅內尙有汽車捐電話學田等收入然於大同元年度完全未徵收

第十一　警備

（A）治安

民國二十年事變勃發以來五常縣內全部爲胡匪佔領財政陷於逼迫狀況治安亦無警察維持及大同元年十二月爲圖縣境警備充實經日滿軍入縣討伐治安雖漸恢復大部分尙爲胡匪佔領至大同二年再經日滿軍討伐後協同縣長並副參事官等努力恢復治安及現在（大同二年八月）縣內始得恢復治安

（B）現在縣內警備狀況如左

一、日本軍隊　拉賓線守備隊若干名現駐防於縣城內

二、滿洲國軍隊　現在本縣尙無有屯駐

三、警察隊

五常縣內維持治安及警備者有警察隊保衛團並自衛團等大同二年七月間將保衛團及警察隊施行改編茲將保衛團及警察隊改編前狀況列左

(1) 保衛團

保衛團總隊部	一六名
步兵第一小隊	四六名
步兵第二小隊	四六名
省警察步兵第十三分隊	八五名
省警察步兵第十七分隊	六四名
合計	二五七名

(2) 警察隊

警察騎兵隊	二一名
警察步兵隊	四五名
合計	六六名
以上總計	三二三名

以上各兵隊依警務廳之指示而編成警察隊本部改編步兵二個中隊步兵一個中隊分爲三個分隊一個分隊分爲三班每一班班長一人及隊兵共十一名（但第一分隊　第一班班長一名隊兵十二名總共十三名）

班長及隊兵總共百十一名
警察騎兵隊共三個分隊每一個分隊分爲二班每一班班長一人隊兵十二人共十三人
班長及隊兵總共八十八名
編成表如左

摘要 隊名	隊長	兵員	小銃	馬匹	備考
警察大隊本部	閻長柏	七		三	前保衛團總團部
步兵第一中隊	孟農三	一一〇	七二		前步兵第一五隊步兵第二正隊及步兵隊之一部分小山子分駐一個分隊冲河分駐二個分隊
步兵第二中隊	唐國富	一〇	一〇五		前省警察步兵第十三分隊及警察步兵之一大部分五常堡駐防一個分隊縣公署及警察局各駐一個分隊
騎兵中隊	劉金廷	八七	六二	八七	前省騎兵第十七分隊及警察騎兵並保衛團之一部駐縣城二個分隊向陽山駐防一個分隊
合計	四	三一四	二三九	九〇	
備考	該各騎兵隊馬匹均爲私人者使用小銃中十六支爲私人者				

四、自衛團

大同元年四月以袁海龍佔據五常縣時全縣自衛團分爲六區（如公安分局區域）團員共四千名擁護縣長連同公安隊保衛團等努力維持縣內治安當袁海龍憑占海紅槍會擾害最烈時公安隊保衛團亦隨之叛變散之四方惟自衛團未待譁變如多數匪賊來襲時則盡力避免之對於少數胡匪則努力擊退之現在五常堡向陽山炕沿山所以幸免匪賊災害者亦自衛團之力也於兵匪期間仍繼續組織之現在依臨時組織法由每戶徵募壯丁一人至本年（大同二年）一月二十日組織完成後共分爲六區由第一區至五區已經組織成立第六區因交通之不便詳細難以判明指導尤感困難現在總團長由于縣長担任之副總團長朱福三担任之致於正副團無大區別團員總共六千五百餘名現在完全爲維持五常縣內治安本縣所以得此平穩者亦有賴日本軍屯駐縣城及自衛團之努力大同二年一月十七日日本軍討伐考鳳林時自衛團亦協同出動（五常堡、十八里甸子）日本軍討伐後之地方自衛團維持治安及殘兵敗匪之掃蕩現在自衛團組織內容列示如左

第一區（縣城團長陳占鰲）

摘要／保甲	姓名	住所	團員	快槍
第一	王忠岑	董泥河	五〇〇	一二〇
第二	江岫文	清茶館	三〇〇	六〇
第三	于桐閣	縣城	五〇〇	五一
第四	宋有	團山子	三〇〇	五〇
合計			一・六〇〇	二八一

第二區（山河屯團長　王春林）

摘要／保董	姓名	住所	團員	快槍
第一	劉煥章	太平庄	一〇〇	二一
第二	婁宣明	豐德棧	一〇〇	二六
第三	張清海	梨林園子	五〇	一六
第四	于文濤	老房身	一〇〇	一三
第五	王文清	王家街	五〇	八
第六	楊文寬	七道崗	五〇	一二
第七	暹永全	六道河子	五〇	九
第八	劉春林	七星泡	六〇	一〇
合計			五六〇	一一五

第三區（向陽山團長　王喜亭）

摘要／保董	姓名	住所	團員	快槍
第一	高樹範	向陽山	一〇〇	四〇
第二	李沛公	榆樹川	五〇	三一

第三	李建公	雞冠砬子	五〇	三五
第四	姜德時	大崴子	五〇	二〇
合計			二五〇	一二七

第四區（沙河子團長 沈青山）

摘要／保董	姓名	住所	團員	快槍
第一	張星林	全拉河子	一〇〇	六〇
第二	孟廣福	長崗	七〇	三二
第三	王福全	楊家街	五〇	三〇
第四	沈克家	沈家營	八〇	四〇
第五	鄭文明	石沙河子	八〇	六〇
第六	孫廣忠	磨盤山	七〇	四二
第七	王國華	沙河子東沿	七〇	三一
團總辦公處	沈青山	沙河子	一〇〇	六五
合計			六二〇	三六二

第四區（太平山團長 周元年）

保董 摘要	姓名	住所	團員	快槍
第一	曹景春	太平山	一七六	一〇
第二	梁洪臣	王家街	三〇〇	一一
第三	王玉才	後七家子	一〇〇	一二
第四	李永章 李樹堂	房身崗	二〇〇	五
第五	傅萬山	三十里通	一五〇	二〇
第六	王國臣	八道崗	一〇〇	一〇
第七	唐立志 邵臣峻	上亮營	二四〇	二〇
第八	徐勤	石頭廟子	一〇〇	一一
第九	楊蘭亭	風燕杜	六〇	一二
第十	李子和 姜重 趙義	蘭彩橋	五〇〇	一三
第十一	侯海	王家店	八〇	一五
第十二	李慶林	佟家店	一〇〇	一三
第十三	王有	西北河套	五〇	一五
第十四	雷永奎	半截河子	六〇	二〇

保甲摘要	姓名	住所	團員	快槍
第十五	楊雲峯	楊大洲	五〇	一五
第十六	楊永生 張太	公劉家	五〇	一二
第十七	張連舉	南長崗	五〇	一一
第十八	張連奎	見成縣	五〇	二三
第十九	顏起發	街南	五	一二
合計			二・四二一	二六二

第五區（五常堡團長　何景堂）

保甲摘要	姓名	住所	團員	快槍
第一	汪樂三	五常堡西南隅	五〇	一八
第二	馬蔭堂	五常堡東南隅	五〇	二一
第三	蕭海山	五常堡小東門	五〇	一九
第四	景現周	五常堡正北門	五〇	二三
第五	張文會	五常堡西北隅	五〇	二五
第六	張應武	五常堡東門外	五〇	一七
合計			三〇〇	一二三

第五區（十八里甸子團長　宋書堂）

保甲摘要	姓名	住所	團員	快槍
第一	孫殿頲	十八里甸子北	四〇	一六
第二	王雲升	周家崗	四〇	二〇
第三	王海田	五道崗	六〇	二五
第四	紀成山	五道崗南頭	六〇	二三
第五	趙秀章	七道崗	一二〇	四一
第六	李廣文	剪草溝	一〇〇	三二
第七	魏思武	殺山子	五〇	一九
合計			四七〇	一七六

第六區（沖河團長　沈子衡）

全區團員二〇〇名快槍約三〇支

以下列擧五常縣自衛團之全勢力列示如左

一、總團長　縣長　于謙澎

一、副團長　商務會長　朱福三

區名＼摘要	團長	地址	團員	快槍
第一區	陳古鰲	縣城	一六〇〇	二八一
第二區	王春林	山河屯	五六〇	一一五
第三區	王喜亭	向陽山	二五〇	一二七
第三區	沈青山	沙河子	六二〇	三六二
第四區	周元平	太平山	二四二一	二六一
第五區	何景堂	五常堡	三〇〇	一二二
第五區	宋書堂	十八里甸子	四七〇	一七六
第六區	沈子衡	沖河	二〇〇	三〇
合計			六四二一	一四七四

此外尚有招撫太平山紅槍會匪賊六十名均各有快槍行將改編自衛團

自衛團全員雖均備有武器然多數爲舊式之洋砲快槍備前表所列一四七四支本縣自衛團經去年之鍛鍊現計劃量力擴充然武器寥寥難以擴大組織如多備武器計劃將自衛團增至八〇〇〇名

第十二　產　業

五常縣以農業爲主要之生產副產業僅牧養家畜等林業雖有大森林因交通之不便並胡匪之出沒除拉林河上流（四合

川附近）外其他各地森林無多

(1) 農業

本縣可耕地共有十七萬二千餘垧大同元年五月至十一月正値耕種和收穫期間因兵擾害農民畏匪不敢耕種致將可耕地荒廢七萬餘垧以後加之陰雨連綿河水汎濫不可耕種既耕種各地亦被水淹沒不可收穫者約有六萬二千餘垧故大同元年度耕種可收穫者僅四萬餘垧

本縣列年生產黄豆三十萬石高粱超越二十五萬石粟不下十五萬石其他如麥米包米等穀物每年共產八十萬石茲如前述之狀況生產率則較列年爲少

大同元年十二月二十五日調査表

種類	大豆	高粱	粟	包米	小麥	稗子	合計
耕種（垧）	一二、八〇〇	七、七六〇	一〇、七〇〇	七、二〇〇	三〇〇	五〇〇	三九、二六〇
收穫（石）	六四、二〇〇	六二、四一〇	三二、〇〇〇	五六、二〇〇	一、五九〇	五、七〇〇	二六七、七一〇

大同元年度耕種地數尙不及列年五分之一

(2) 家畜業

家畜亦因胡匪之掠奪現在所有數尙不及去年五月以前四成之譜

大同二年八月家畜概數列示如左

騾	五六七	驢	五三二	牛	八・三二七
馬	九・七六〇	猪	三二・九四〇	雞	二七・三〇〇
鴨	二・一二〇	狗	三二・二〇〇	鵝	一・二七〇

(3) 工業

本縣境內並無何等大工業場

(A)燒鍋業　縣城二、　山河屯一、　向陽山一、　沙河子一、　小山子一、　沖河一、

合計共有燒鍋七處

資本金合計二五・〇〇〇元　年產額一三〇萬斤

以上年產額全部供給本縣消費

(B)磚窰業　共有六處

資本金合計一〇・〇〇〇元　年產額三六〇〇萬塊

以上年產額全部供給本縣消費

二、鑛業

本縣鑛產埋藏種類無多

現在謹馬石項子磁石（玻璃鑛）着手開掘

山河屯及小山山有煤礦兩處山河屯埋藏量雖多煤質不甚佳良

小山子煤礦雖未能測量確實埋藏量然煤質堪稱良品
其他尚有煤礦兩處（未詳）
磁石年產額約有二萬元之譜

第十三　商業

本縣自大同元年五月至同年十二月間完全被胡匪佔領縣內各商民及民家所有之什物掠奪而無存及大同二年一月日滿軍入縣討伐治安雖漸維持然總未恢復舊有之盛況現在乃僅僅復興商業仍無如何進展大豆高粱等出產物多數均以馬車運於樺皮廠九站等處故現在縣內商業交易無多

縣城內各商戶種類數目表列舉如左（大同二年八月）

燒鍋	二	成衣舖	二	醋店	二	獸醫	一
雜貨店	三八	菓子舖	三	鑲牙店	一	露天雜貨	一〇
鞋舖	一	染房	三	羅圈舖	一	豆腐房	六
印刷局	一	紙房	四	銅匠舖	一	澡塘	一
首飾店	二	煎餅舖	二	木匠舖	三		
鐵匠舖	五	表舖	二	皮舖	一		
理髮處	五	飯館	一四	照像館	一		

洋鐵舖	三	旅館	一四	藥舖	一〇		
軍衣莊	四	香油房	一	病院	二	合計	一四六

全縣城內商店總共五百二十六家

以上商店表僅列百四十六家

資本金最多者約四千餘元

第十四 宗教

(1) 佛教 滿人(旗人)與漢人信仰佛教者居多其中尙有信仰釋教及道教者迷信觀念非常深邃誣婆醫病尤其盛行

全縣寺廟最大者共有三十四處信仰佛教者約佔八成之譜

(2) 耶蘇教 縣城及小山子均有教會之設立並各教會均有其所屬之財產

(3) 天主教 縣城及五常堡均有教堂之設立

(4) 回回教 全縣亦有一部份信仰者

第十五 教育

本縣於大同元年四月以前教育管轄機關爲教育局第一學區教育委員辦事處地址於太平山教育補助機關爲董事會及民衆教育委員會教育實施學校男子中學一 男子小學二十四 女子小學五 民衆教育館一關於教育經費全部由縣支出所有學校均爲縣立大同元年度教育經費吉洋五七・四六八元均由縣公署經常費支出之

大同元年度四月末全縣學校數列示如左

學校	中學	小學 男 高級	小學 男 初級	小學 女 高級	小學 女 初級	合計
教員數	九	六五		六		八〇
級數	三	八	四五	一	六	六三
學生數	一五一	三三三	一八七三	二四	二八九	二五一九

本年五月間袁海龍、獨占海紅槍會等匪佔領縣城以來兵匪之蹂躪教員及學生均四散避難教員及學生有槍殺者有被匪賊綁去者無道之兵匪任意掠奪學校舍完全被匪破壞甚致於將桌椅及書籍樂器黑板等完全掠奪而空縣城及山河屯受害尤甚如開校授課最少數亦得五〇元之用欵然至大同元年十二月日滿軍隊入縣討匪後治安日漸恢復教育方面亦漸次恢復學校開學者有縣立中學校及縣城第一小學校五常堡第三小學校四月間開始授課學校數男子學校一、女子學校一中學校一以後仍繼續計劃將學校全部復興大同二年八月（現在）縣內教育狀況列述如左

(1) 初等教育　小學校　十一校　高等小學校三班　初級小學校二十五班

縣城內　男子小學一　女子小學一　高級小學三班　初級小學五班

(2) 中等教育

縣城只有一校（男子中學）初級二班學生共七〇名

(3) 學校數　中小學合計十二校　初級三班現在均已開學　小學校　二十八校　三三班現在尚未開學

(4) 教員數　中學六　小學二九（男二七、　女二）

合計　三五名

(5) 學生數　中學七〇　小學九八七（男九五四、　女三三）

合計　一〇・五八名

(6) 社會教育　現在尚未開始授課

第十六　交通　通信

(1) 鐵　道　吉敦路由拉法站經過濱江站與呼海路相連絡

拉賓路預定十二月初旬開通該路由本縣南端經過縣內設有山河屯杜家油房五常堡（南孟家）等站

(2) 自動車　冬季由縣城可通五常堡山河屯向陽山小山子冲河蘭彩橋楡樹水曲流崗一面坡拉林等處

夏季因道路泥濘河川無有橋梁之設置由縣城僅可通五常堡山河屯水曲流崗拉林蘭彩橋等處

長途公共汽車每隔一日由哈爾濱至五常可通一次該長途公共汽車爲國際運輸會社所經營

(3) 道　路　縣內主要道路列示如左

（A）五常——山河屯——小城子

（B）五常——南孟家——拉林

(C) 小山子——沖河

(D) 山河屯——向陽山——沖河

(E) 五常——五常堡——小山子

(F) 南孟家——五常堡

(G) 小山子——山河屯

(H) 五常——蘭彩橋——小山子

(I) 五常——楡樹

(4) 電信　電話併用線　由縣城可通至楡樹間

(5) 電話　由縣內通於縣外者利用(鐵道用線)可通楡樹及拉林

縣內電話由縣城——山河屯向陽山五常堡小山子蘭彩橋五常縣城內尙有日本軍及滿鐵之無線電信

(6) 軍用航空路　最近一年可往復三次由縣城——新京——吉林——五常——哈爾濱等處現在則已經停止飛航

(7) 船運　本縣並無船運之便

第十七　衛生

本縣茲因經費不足之故現在關於衛生事宜無力設置縣內衛生狀態任其自然放棄縣城只有排水等施設致於病院縣城內有二處小山子五常堡各有一處然均爲治療病院並無入院治療之設備病院之中縣城一處山河屯及小山子病院均爲朝鮮人之經營者

本縣時時發生一種特殊病症男女於青春期身體各關節自然膨脹最多者由足部發生關節病往往有得跛脚病者致於病因不明得此病者並不感覺如何痛苦

第十八　結論

五常縣者土地肥沃物產豐富之區也惟縣治尚於幼雅之期致使縣民未得安居樂業舊政府時代軍閥專橫祇知物產豐富可飽私囊縣治不理使縣民陷於水火之中民國二十一年縣民脫離舊政權建設大滿洲國當大同元年三月至仝年十二月間縣民尚未脫離舊軍閥之餘毒縣境尚充滿兵匪任意掠奪燒殺縣政一時難整理縣民至此亦苦於極點矣其後滿洲國軍之活躍並聯合友邦日本軍極力討伐匪賊救縣民於水火之中及大同元年十二月始現平和之曙光縣民幸免兵匪之蹂躪縣長以下官民等努力維持治安縣政日向復興之途將來拉賓線全通後其他一切施設得以恢復時則本縣之資源日漸開發本縣自有厚望焉

葦河縣圖

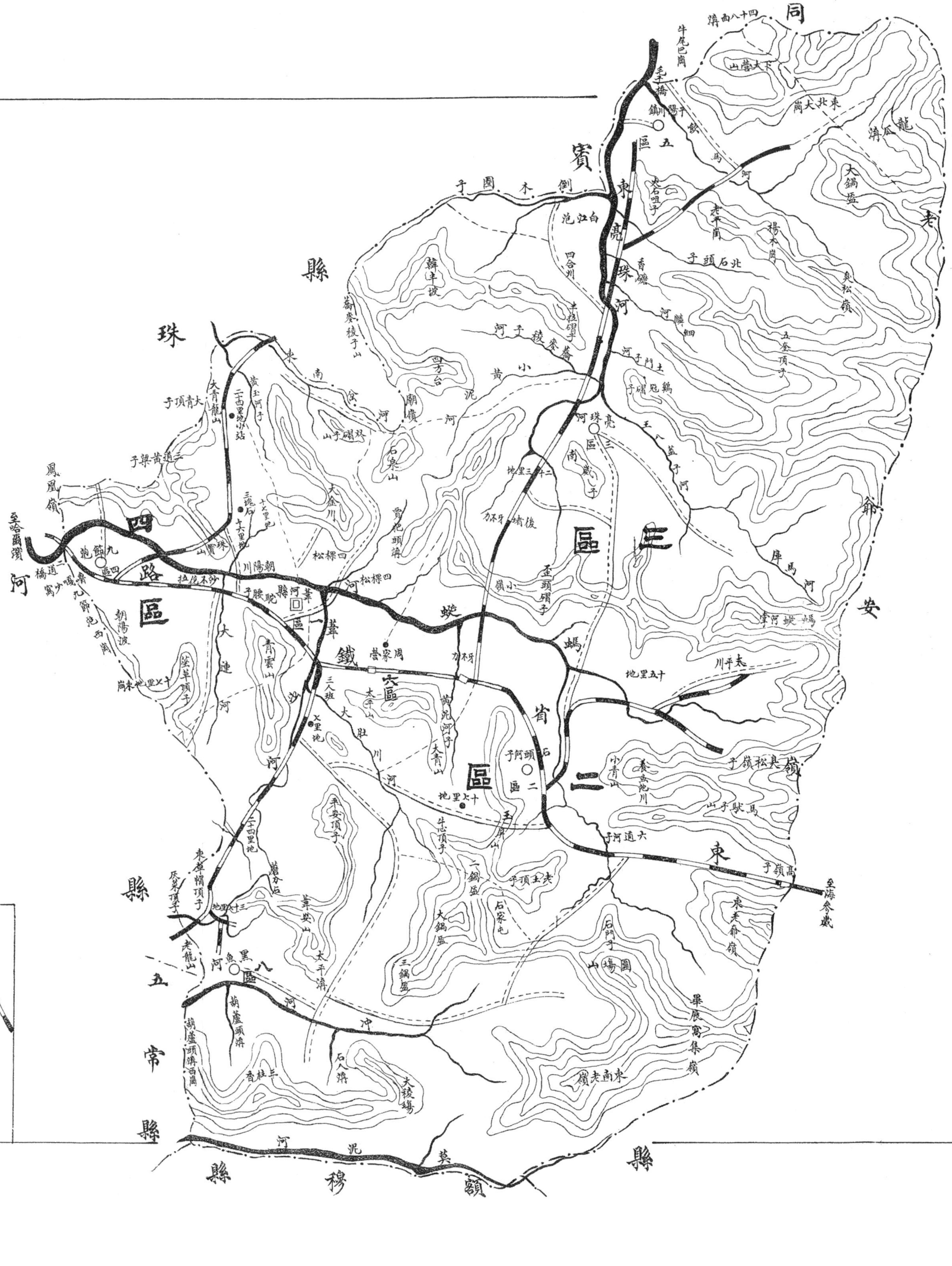

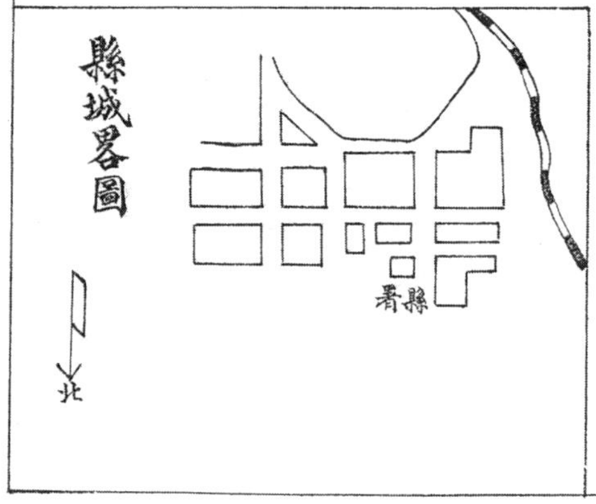

縣城畧圖

圖說

自縣治東北至同賓界之牛尾巴崗山計二百一十里西南至與五常分界之老龍山西崗計一百一十里南至與額穆分界之莫泥河計一百七十里北至珠河界之二道橋子計七十里全縣凡分五區第一區駐縣城二區駐東路石頭河子站三區駐亮珠河四區駐九節泡五區駐平陽川

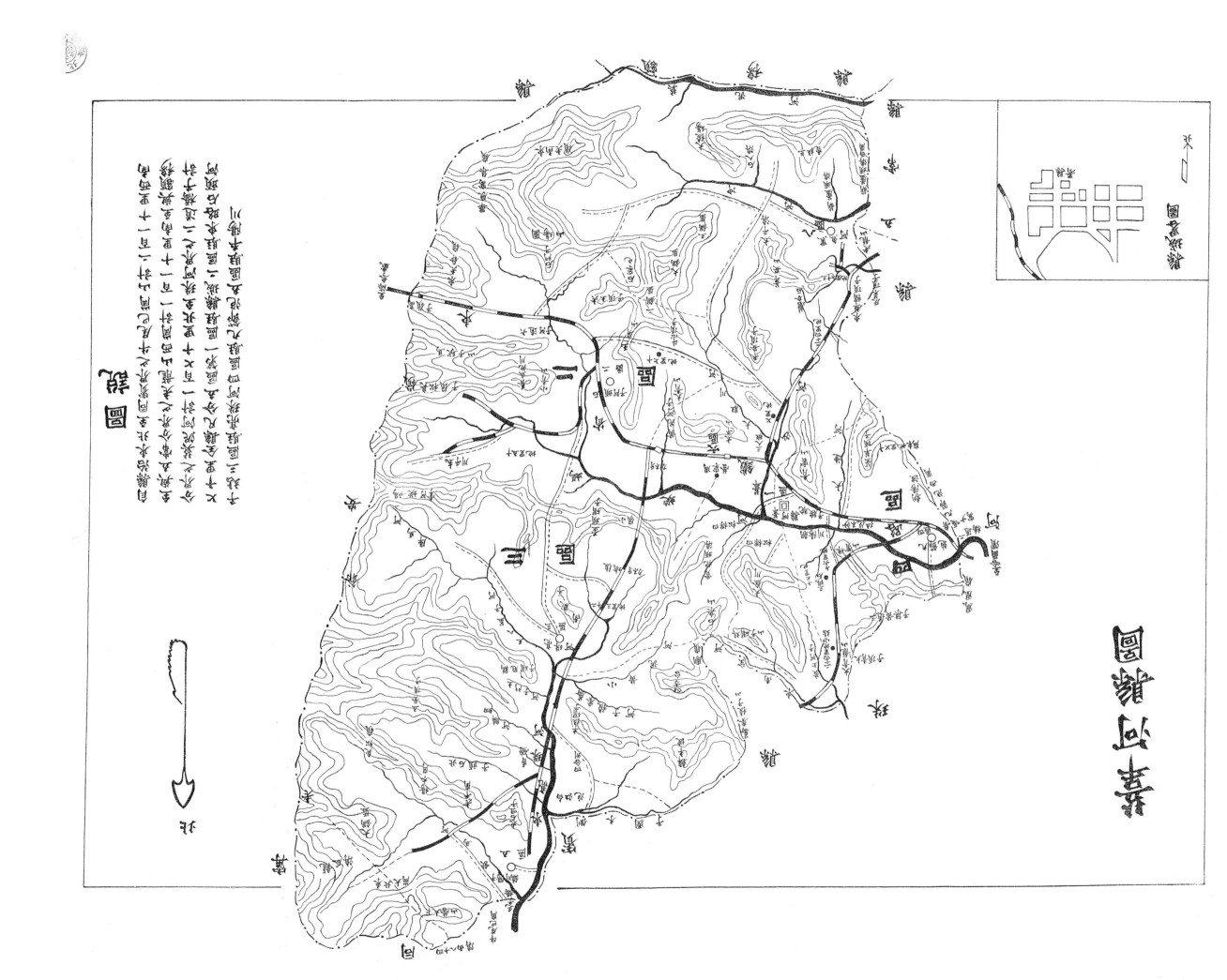

葦河縣

目次

葦河縣

第一 位置

葦河縣城位於東經約百二十八度二十六分北緯約四十四度五十五分東界寗安縣南隣額穆縣西接五常縣及珠河縣北與延壽縣爲毗連

第二 地勢

縣東界於寗安縣老爺嶺南北走由縣之中央分爲二分水嶺一、爲瑪延河掌一爲畢展窩集嶺縣內有大青山、青雲山、平安頂子、等諸山地勢起伏則富於密林焉

本縣之河川二分水嶺則分爲三河川瑪延河則發源於瑪延河掌之南側自縣之中央向南流入珠河縣境其支流於延壽縣之亮珠河相合流亮珠河發源於瑪延河之北集合縣北部之水而北流則流入延壽縣拉林河上流之冲河黃泥河發源於畢展窩集嶺向西流入五常縣境

本縣諸河川之流蓋均屬平原沿河川之交通亦極其發達焉

第三 面積

本縣之面積尙未確實調査全面積之中分爲既墾地及未墾地等區別難以示其確實之面積數茲將其概數列示如左

全面積	二二・一〇〇方里
既墾地	一二〇・〇〇〇垧

未墾地　三四〇・〇〇〇
山林地　五三四・〇〇〇

第四　戸口人口

本縣因有北滿鐵路之貫通俄人多早移居於此其人口數約有六百五十餘名並有不逞鮮人盤踞地與蘇俄連絡共產運動不逞鮮人雜居於各方難以調査其確數也

本縣居住之滿洲國人朝鮮人俄國人及日本人之戸口人口數目表如左

葦河縣戸口人口調査表　大同二年六月調査

種別／區別	戸口數	人口數 男子數	人口數 女子數	人口合計數
第一區	一・三一九	四・五六二	二・九七五	七・五三七
第二區	九五〇	一・二五二	一・八二二	三・〇七四
第三區	四五四	一・七七五	八九二	二・六六七
第四區	四五一	一・七二八	六七六	二・四一四
第五區	三三九	五五六	三九八	九五四
第六區	四八七	一七九	三七五	五五四
第七區	三一九	八八三	二五七	一・一四〇
合計	四・三一九	一〇・九四五	七・三九五	一八・三四〇

縣內居住外國人戶口人口調査表

大同二年九月上旬調査

項別／國別	戶口數	人口數 男子數	人口數 女子數	人口合計數
日本內地人	二	五	三	八
朝鮮人	七	二五	二二	四七
俄國人	一五二	四〇八	二四一	六四九
其他				
合計	一六一	四三八	二六六	七〇四

職業別人口表

大同二年六月調査

職別／區別	性別	學	軍	政	農	工	商	船	無業	失業	僧	道	尼	喇嘛	天主	耶穌	回教
第一區	男	一五六	二九八	三五	三〇二七二	三、二五四	三				五	二				三三	三六
	女	七三			二〇七七三	一〇二										三	二四
第二區	男	七五	二五	二九	二〇九四〇	八五	三七				二	七					三
	女	三六			一〇七六四	一三											九
第三區	男	四二	四六	一七	一〇五九八	二七	二五				三	四					三
	女	八			六六六	三五											五
第四區	男	三六	三	四	一〇四三八	二九	二四				一	二					九
	女	五			三九二	三											二
第五區	男	八	二	五	一〇二二八	一三	三六				二	一					七
	女	三			三六八	三											
第六區	男	七	三	三		一三	二				二	一					三
	女	五				二											

第七區	男	四	八	二	八四九	七	七	—	—	—	—	二	—	—	—	—	五
	女	二	—	—	二五四	一	—	—	—	—	—	—	—	—	—	—	
性別計	男	三四八	四五一	九五	一二、八八二	四九八	五五一	—	—	—	一五	二七	—	—	—	三	九五
	女	一一三	—	—	七、〇九一	一二九	—	—	—	—	—	—	—	—	—	三	四〇
合計		四六〇	四五一	九五	一九、九七三	六二七	五五一	—	—	—	一五	二七	—	—	—	六	一三五

朝鮮人職業別

縣城內　一五（內有女子五人）無一定職業

石頭河子　一〇　農

三不化拉　三　獵

九江泡　五　農

牙不里後堵　一三　農

第五　交通　通信

鐵路

北滿鐵路之東部線由縣之中央貫通於東西縣內有九節泡葦河縣周家營牙不力石頭河子高嶺子等站長凡百五十四里

本縣專以運搬木材之支線遠達延壽縣及五常縣境向北延長有四支路向南延長一支路其經過地列示如左

俄商協結斯支路――縣城――珍珠門――大泥河――小葦沙河――冲河（長凡九十一里）

俄商協結斯支路――九節泡――青頂鎮――黄玉河子（七十里）

俄商葛瓦斯支路═牙不力──亮珠河鎮──繭山屯──大橋屯──平山崗屯──樓山堡──龍爪溝（百二十里）

北滿公司支路═六道河子──寶山鎮──鍋盔（六十三里）

北滿公司支路═石頭河子──太平溝──梟松溝（四十三里）

右記各支路現在謀牙不力與龍爪溝間尙可通行

陸路

本縣之陸路交通便利最發達則首推北滿鐵道沿線之第一二三四等區除鐵路運搬木材支線外尙有左列各陸路

主要道路列示如左

葦河縣城 ┤ 周家營──牙不力──石頭河子──六道河子──高嶺子
　　　　 ┤ 九節泡──一面坡

牙不力──牙不力後堵──平陽川鎮

石頭河子──亮珠河

葦河縣──七里地──黑魚汀

石頭河子──十七里地──七里地──葦河縣

六道河子──太平溝──黑魚汀

然右列各道路如不相當補修則不能通行自動車即大車通行感覺困難之地方亦屬不少關於陸路交通僅可通行大車或

乘馬者大車積載之重量二千斤乃至三千斤

本縣治安維持會成立後已如另表計劃補修陸路自九月中旬開始補修第一期西半之陸路

水路

本縣內之河川不適航行舟船縣內之通信網亦極不完全並無警察電話之設備僅利用北滿鐵路局之電話藉資連絡可通電話之地僅自葦河縣可通沙不花拉及六道橋子之間

本縣治安維持會成立以來如另表計劃之交通網然現在尚未施工焉

第六　產業

本縣之產業現在尚未見發達惟昔日俄人開發之林業最爲昭著其次則爲農業此外並無其他產業

（一）農業

本縣之耕種地分既墾地未墾地兩種

既墾地　一二〇・〇〇〇垧

未墾地　三四〇・〇〇〇垧

本年度耕種面積及收穫額如左

	耕種面積	收穫額
大豆	一〇二・〇〇〇	六〇〇・〇〇〇
高粱	三・四九五	二三・〇六五

包米	七・三七五	七三・七五〇
粟	一・七六三	一七・六〇〇
小麥	四〇〇	一・六〇〇

水田

事變前朝鮮人於縣內開墾左列之水田事變後因匪賊於縣內跳梁朝鮮農民多避難於哈 市現在尚未見歸縣

本縣可耕水田地約有五千垧

石頭河子	約	六〇垧
大連河	,,	三〇
大肚河	,,	三〇
三不化拉河	,,	二〇
河東	,,	三〇
合計	,,	一七〇垧

縣內地主數目表

姓名	熟地數	荒地數	房間數	商號數	備考
連錫忱	二方	十方	三十餘間		農會長
楊凱臣			七間	一處	商會長

連耀臣	二方	二方			教育局長
畢明華	七垧				教育會長
趙益升			二十餘間	一處	
王永泉	一方	半方	二十餘間	一處	
史荼茹	四方	五方			
黃伯雷	一方		十五間		
溫葵酒	五方	二十方	四十間		
連志賓	二方	五方	三十間		財務處主任
徐壽山	二方	二方	二十間		
崔玉書	二方	十五方	十一間		
劉玉新	一方	二方	七間		
劉宣廷	一方	一方	二十間		
徐暢晏		一方	六十間		
郭書雲		一方	三十間		
閻崇利		半方	六十間		

龔子明	半方		二十間	一處
史岐山		一方	十二間	
任斌	二方	三方	街基二號	

（二）家畜業

本縣並無專業牧畜業者飼育之家畜多爲耕種田地代人運搬之使役如豚雞等僅供當地消費之用其概數如左

馬	二・〇〇〇頭
騾	二〇〇頭
驢	四〇頭
牛	一五〇頭
豚	一・二〇〇頭
雞	一一・〇〇〇隻

（三）林業

本縣密林叢生富於林產每年以林產業爲第一位然自事變以來匪賊之跳梁加之北滿鐵路運賃之增高現已陷於不振之狀態也

(1)林區

第一區　渠水河子、黃魚河子、大肚川、大連河、大鍋盔前、
第二區　養魚池、十七里地、六道河子、大鍋盔後、
第三區　亮珠河、龍爪溝、羅山細鱗河、
第四區　大青頂子、黃魚河下游、套包溝、
以上四區蓄積木材之數量未得詳細調査故其蓄積量亦不知其詳也

(2) 林業公司

現在林業公司繼續營業者如左

近藤公司

事變前俄人卡巴魯斯經營之林區如亮珠河三、五區界內現在最爲發達林區境界劃分不明該俄人於大同元年九月間將附屬之建築物及附屬電燈廠等完全買與近藤公司遂於十二月開始營業矣現在每日可伐採元木十餘車該公司尚組織自警團日日如攻擊之警備附屬之電燈公司可供給附近各村屯及市內之電力

啓泰公司　於三、五區內有林區二〇〇方里

益大公司　於黃玉河子七、四區內有林區二〇〇方里

德政堂公司　於縣城南五十地方有林區二〇〇方里

北滿鐵路採木場　於石頭河子南及寶山鎭大鍋等處

(3) 木材運搬用之支線

葦河站——五常縣八里鎮……現在已停止運轉
牙不力——牙不力後堵——延壽縣中和鎮……現在運轉中
石頭河子——寶山鎮……現在已停止運轉
九江泡——元寶鎮……仝
六道河子——東南老嶺……仝

(4) 商業

本縣之商業自事變以來非常蕭條大商店多避難於哈市雖漸次歸縣亦無昔日之繁盛自大同二年春縣內商業稍呈復活之狀態然商民猶恐匪賊之來襲則多依賴友邦日本軍維持治安焉

縣內各商店數如左

縣城			
雜貨業	一五	木局	二
藥舖	一〇	糧米舖	二
飯館	八	鐵器店	一
山貨店	四	木器店	一
屠宰業	四	豆腐房	三
成衣局	三	澡塘	二
理髮處	三	旅館	二

縣城	
雜貨店	九
藥舖	八
木局	四
山貨店	五
飯館	二
豆腐房	三
鐵器店	二

內	洗衣局	二
外	木器店	四
	屠宰業	三

城內各商店資本金調查表（大同二年四月調查）

壹百萬圓以上者　一家
壹百圓以上者　三七家
壹百圓以下者　七四家

全城內各商店每一月所賣上之金額共約哈大洋四五〇圓

城內主要之商店

金茶隆	燒鍋	資本金六千圓	大同二年四月開始營業	
東盛泰	雜貨店	〃三千圓	〃五月	〃
公和順	〃	〃一千二百圓	〃九月	〃
信益長	〃	〃一千圓	〃四月	〃

本縣內流通貨幣之種類　國幣、哈大洋、金票等三種、

縣城內主要日用品物價表（大同二年五月）

品目	單位	價格	品目	單位	價格
三號面粉	每斤	哈洋一角四分	陳醋	每斤	八分
粳米	,,	一角四分	鹹鹽	,,	一角七分
豆油	,,	二角	青醬	,,	一角六分
紅糖	,,	二角八分	白糖	,,	二角八分
燒酒	,,	二角六分	報紙	,,	一角七分
火油	,,	三角二分	黄菸	,,	二角五分
面城	,,	一角	閩薑	,,	五角五分
香油	,,	六角四分	山楂片	,,	五角五分
鮮薑	,,	四角五分	毛八糖	,,	三角二分
洋釘子	,,	三角二分	花椒	,,	一元六角
吉豆	,,	一角	古月	,,	一元二角
茶葉	,,	一元六角	海菜	,,	一角六分
干粉	,,	二角四分	元豆	每斗	一元六角
冰糖	,,	四角	包米	,,	七角五分

啤酒	每瓶	三角五分	秫米	,,	一元八角
小米	每斗	二元三角	八四吊燈	每隻	一元一角
包米楂	,,	一元四角	提燈	,,	二元二角
白香皂	每塊	二角	山東香	每封	三角二分
黃胰子	,,	七分	白線	每斤	一元二角
白花旗	每尺	一角一分	藍線	,,	一元四角
藍花旗布	,,	一角三分	藍花胰子	每塊	六分
白市布	,,	一角九分	提青器	每個	九分
斜布	,,	二角一分	盧工器	,,	一角五分
火柴	每包	一角	盧五寸碟	,,	一角六分
大洋燭	,,	三角六分	磁茶壺	,,	一元二角
小洋燭	,,	二角二分	磁茶器	,,	一角四分
耕種烟	,,	二元四角	普通洋襪子	每雙	二角五分
雙鶴烟	,,	二元八角五分	五四全座燈	每隻	七角五分
粉連紙	每疋	一元六角五分	三四全座燈	,,	六角

呈紋紙	,,	二元一角	二四全座燈	,,	四角五分
九重香	每塊	二角五分	吊燈	,,	九角

(5)鑛業

本縣並無特別鑛產

金鑛　六道河子(第二區)

煤鑛　半拉碯子(第三區)距亮珠河五十四里於事變前俄人於半拉河子一帶試驗開採約四百方里事變後已停止開採矣

(6)工業

本縣之工業除家內小工業外並無其他巨大之工業場

第七　行政

本縣早為俄人所開發木捐尤為縣財政大宗之收入然教育及警務尚未整備殊為憾事自事變以來匪賊之跳梁各機關及產業等完全被匪賊破壞各地商會並保衛團等均各自行動一時無稅捐之收入縣政亦陷於停頓之狀態自大同二年三月十三日縣參事官及屬官入縣以來雖日期尚短縣政已漸次就緒矣

(一)　警備

本縣有北滿鐵路之沿線且有日本人及俄人經營業林公司敷設運木材之支線對於治安極為重要並且本縣警備機關又較他縣為多茲將本縣警備各機關略述於左

(1)警務局及警察隊

大同二年三月十三日保衛團教練官率領團員八十名因要求薪俸事致襲擊公安局解除局員四十名之武裝公安局長溫明山亦遭難該事件發生後參事官及屬官日本軍等始入縣城遂將保衛團自衛團不良份子斬首示衆保衛團實行改編爲警察隊爾來施行肅正已行數次之改編矣

第一次改編（大同二年四月一日）

公安局長溫明山遭難後基於省警務廳之指令實行改編如左

隊別	人員數	備考
警務局	二九	縣城
第一警察署	一七	縣城
第二、三、四、五、六等警察署	各一三 計六五	第二區石頭河子 第三區亮珠河 第四區九節泡 第五區平陽川鎮 第六區
警察大隊本部	六	大隊長兼任局長
警察第一中隊	一〇〇	內含縣公署衛隊三〇名
警察第二中隊	七〇	
警察第三中隊	七〇	
合計	三五七名	

小槍	一七四支
子彈	六・〇〇〇發

第一次改編編成之部隊以反亂後公安局殘餘之局員及保衛團殘餘少數之團員或新採用之人員編成之茲將第一次改編後解散各人員數列左

官	七九八
兵	四七一八
保衛團員	七五八
合計	六二五八

其後經極密之調查如認其有不正之舉動則以斬首懲辦之現有百九十六名將施行第二次改編焉

第二次改編

大隊本部	七名	駐於縣城
第一中隊	七一名	,,
第二中隊	八三	
第三中隊之一部		
第三中隊	三五	駐於周家營子

合計	一九六		

周家營子之第三中隊因素質不良於八月四日將全隊解除武裝令其各自歸農第一二中隊將不良份子完全淘汰現在只保七十七名經日本軍之訓練擔任縣內匪賊之討伐並縣城警備事項其編各部隊如左

第三次改編

本隊本部	七名	駐於縣城		
第一中隊	三五	〃	小槍三五	子彈各自三〇發乃至五〇發
第二中隊	三五	〃	小槍三五	
合計	七七	〃	七〇	

第四次改編之計劃

縣公署衛隊	二五名
第一中隊	五〇
第二中隊	五〇
第三中隊	五〇
游動隊	以各中隊內抽出優秀者充當討伐之工作
計	一七五名

警務局管轄下七警察署屢遭變亂致縣內警務完全停頓現在極力整備縣城警察多漸次恢復然第四區及第五區警察署

與附近匪賊有密切之連絡且不遵守命令施行改編亦極其反對故於大同二年九月末將該兩警察署實行封鎖突發第四區於北滿鐵路之沿線且接近縣城故有統一縣行政警之必要耳

(2)自衛團

本縣自衛團有林業會社募集組織之自衛團多係胡匪並不遵縣之指令企圖改編爲縣警察隊因素質不良亦甚困難本年春耕之際爲保護縣內安靜起見招集地方紳士及百家長等始組織如左之自衛團致於會社組織之自衛團現在企圖解除其武裝改編爲壯丁團現正計劃中

自衛團丁表

區別及地址別	團員	槍械數	子彈數	摘要
第一區縣城	三〇	三〇	各自三〇發	特別區之自衛團
第一區三塊石	二八七	一七三	未詳	
第二區石頭河子	三〇	三〇	未詳	石頭河子商團之自衛團
第三區牙不利	七一	七四	,,	
第四區九節泡	六七	六七	,,	
第四區三十七露里	三〇	三〇	,,	
第五區牙不利後堵	一三三	一三三	,,	

第六區 四十六處里	一四二	八九	,,
計	七九〇	六二六	

(3)滿洲國軍隊

大同二年五月二十四日吉林警備第二旅第四團第二營之第五連及第三營之第八連第九連等相繼屯駐於此其兵士任意殘暴或亂遊娛樂場或毆打烟館或戲賭博等舉動不勝枚舉現在停止營業者已達十數家之譜

茲將滿洲軍隊配置狀況如左

隊別	配置地		軍械
吉林警備第二旅第四團第二營第五連	縣城（自六月十五日移駐高嶺子）	一三五	小槍 一一一支 輕機關槍 一架 重機關槍 一架 平射砲一門
吉林警備第二旅第三營營部	縣城 正陽街	一五	小槍 七支
同 第八連	縣城特別區 停車場官房	九七	小槍 九三支 機關槍 一架
同 第九連	縣城街 正陽門	九七	小槍 九三支 機關槍 一架
合計		三四四	小槍三〇四支 機關槍四架

(4)日本軍

縣城……………駐○○○隊　葦河站尚駐一個分隊

第二區石頭河子站駐○○○隊

第三區牙不利駐○○○隊

(5)護路警察隊

(6)特別區警察隊

(7)縣城防衛狀況

縣城周圍新築之護城壕深六七尺土墻高五六尺屯駐各警備機關列示如左

1，日本軍守備隊　2，吉林軍一連

3，縣警察大隊　4，縣第一警察員

5，特別區警察隊　6、特別區自衛團

7，護路警察隊

其他担任區域如另圖

(8)近藤林業公司之自警團

近藤公司自牙不利以北地方敷設運搬木材之支線亦可作爲警備線現在該公司以滿人七十餘名及俄人七十名組織自警團孫善忠率領滿人之牙不利自警團當於大同二年五月初旬被日本軍解除其武裝致於槍械該公司亦認可賣與日本軍

當解除武裝之際考善忠團長尙無不正之舉動遂許其組織牙不利自警團以牙不利商會爲保證並且近藤公司尙借與其器械故現在近藤公司之自警團祇餘俄人之一部份自警團矣近藤公司現在所有槍械小槍九十支（俄式者四一支德式者二九支）輕機關槍一架毛斯手槍四支團之經費每月由公司發給（一三〇元）尙備宿舍及被服之全部當本年七月中旬關東軍尙發給其毛斯手槍六支子彈八〇粒及德式俄式子彈六十粒

(9)縣內匪賊狀況

縣內密林叢生故易於盤踞大部份之匪賊現在尙盤踞於縣內者如左

五省 東省	部下四〇〇名	各備有小槍外尙有機關槍四架向於石頭河子方面盤踞
寶勝	三〇〇名	各備有小槍外尙有迫擊砲二門向於大連河一帶盤踞
天衆 天義	二〇〇	備有小槍半數向於商溝裡盤踞
仁義 全順 新仁義	二五〇	備有小槍半數向於六道河溝裡地區盤踞
西長勝 雙陽	二〇〇	備有小槍約一三〇支向於大靑頂子盤踞

其他尙有金山、靑山、新順、何鳳傑、張連春等小股胡匪

（二）財政

本縣從前有二十五萬圓之歲入對於縣財政亦稍爲潤澤及去歲縣長將公欵捲帶逃走後且加水災兵災等害稅捐已陷於無收入之途僅冬季木材及薪炭等少數之稅捐收入加之民國時代之保衛團到處擾害財政已達極其紊亂之狀態如正規地方稅之收入殆無徵收辦法祇可暫定特殊課稅以維持現狀焉

縣地方財務處徵收稅目表

稅種目	稅率	徵收方法	摘要
埆捐	每埆收洋二元	財務處直接徵收	
糧捐	按價收百分之一八	,,	
木植捐	每火車收四圓乃至六圓	,,	
火柴捐	每火車收一圓八角	,,	
攤床捐	每月收洋一圓	,,	
屠宰捐	牛每頭收洋一圓猪六角	,,	
窯產捐	值百收一	,,	
木炭捐	值百收三	,,	
妓捐	每月每人收洋一圓	,,	
旅店捐	每日每人收洋一分	,,	

石捐	每百觔收洋三角	,,	
山海捐	値百收五或收六	,,	
車牌捐	二套收一圓三套收一圓五角	,,	
	四套收二圓	,,	
門牌捐	每戶每年三角	,,	
工人執照	每季每人收五角	,,	
洋車捐	每甫子收洋一角	,,	
營業捐	値百收一	,,	
縣署經收國稅			
田賦	每垧收洋八角	縣公署	元年度較列年減收半數
契稅	收買價百分之三	,,	

縣城內各機關稅金收納比例表

課稅別／徵收率／收納機關	財務處	稅捐局	木石稅局	警務局（暫時）	摘要
穀物	按價收千分之十八		無	無	
一等柴木	一・八〇	無	一七・七二	五・〇〇	按每貨車

二等柴木	無	無	一五・八七	五・〇〇	,,
一等大方木	七・二〇	無	四八・四八	八・〇〇	,,
二等大方木	五・五〇	無	三〇・五六	八・〇〇	,,
一等雜貨商	無	一・〇〇	無	無	門式商店
二等雜貨商	無	五〇	無	無	露天商店
牛	按價收千分之十五	按價收千分之十五	無	三・〇〇	每一頭
馬	仝上	仝上	無	無	,,
豚	仝上	仝上	無	一・〇〇	,,
賓局				八・〇〇	一處一日
會局				四・五〇	,,
色寶局				八〇	,,
烟館				一・五〇	,,

治安維持委員會徵收目及稅額（自大同二年三月至仝年四月三日）

稅目		徵收稅額
木捐	哈洋	一・三九六・五〇

周站木捐	八七九・〇〇
寶局	二六〇・〇〇
牌九局	六一・〇〇
煙館	一五九・〇〇
骰子局	二八・〇〇
搖骰子局	一四・〇〇
會局	八六・〇〇
屠宰捐	三九五・〇〇
合計	三・二七八・五〇

大同元年度歲入歲出額

歲入額	四〇・三三九・九二〇圓
歲出額	四二・九三三・六八〇
支出不足	二・五九三・七六〇

(三) 教育

本縣之教育較他縣發達稍遲僅有縣立小學校十一校民衆學校一校特別區第二小學校一校致於中學校並社會教育機關尚未有設置自事變以來學校舍及教授用器具等完全被胡匪破壞且屢遭匪災及水災縣民多避難哈市縣內諸機關一時

陷於停頓故學校亦不得不停止授課於前年十二月間除特別區小學校照常授課外其他學校則全部閉校矣然自治安恢復以來民衆極力促進開學並提倡日語之學習於是縣城內小學校開校一校日語專修學校開學有一校也

(1)未開學之學校

縣立初級學校　八校

縣立高等學校　一

縣立女學校　一

縣立民衆學校　一

(2)已開學之學校

縣立第一小學校　於大同二年四月二十日開校

日語專修學校　於大同二年六月一日新開學授課

特別區第二小學校

(3)職敎員數

縣立第一小學校　校長一名職敎員三名

日語專修學校　敎員一名(係警務局譯官)及八月末則增至三名

(4)學生數

縣立第一小學校(開學至現在)

級別	人數	級別	男	女	備考
甲班	二九	初級	一五	九	第一學年一五、第三學年四、第四學年五、
		高級	一	四	第一學年五、
乙班	一七	初級	一七	○	第一學年四、第二學年一三、
		高級	○	○	
合計	四六		三三	一三	至八月末初級增至六九名高級二〇名計八九名

日語專修學校　開學時二十三名(至八月末增至二十八名)

特別區第二小學校　一〇〇餘名

(5)敎育經費並敎授狀況

敎育經費既斷絕來源現在開學各學校之職敎員亦無處支領薪俸均係義務之敎授每日僅由特別稅內補助三元食饍費小學校職敎員每人日支五角夫役每人日支四角及辦公費六角故現在敎育經費可謂極其窮困也

日語專修學校之敎員係警務局謡譯官兼任之亦爲義務之敎授耳

小學校課程表如左

初級生　算術、自然、修身、國語、孝經、

高級生　算術、自然、修身、歷史、地理、孟子、國語、

（以上）敎課書係自哈市購入

日語專修學校敎授滿洲國協和會編輯之日語會話讀本每日午后四時開始授課至六時散課學生之年齡多爲十二歲至

三十五歳者

（四）思想運動

本縣受胡匪之擾亂過甚加以思想運動又極其盛行或爲第三國際之直系團或爲其傍系團專事反滿反日之赤化運動欲得其詳細情形頗屬困難玆就所知者略述如左

(1) 葦河縣委員會

大同二年四月十日叩庫斯庫極東軍事委員決議加入黨員二〇〇名以北滿鐵路沿線及松花江沿岸劃分本省爲三角地帶於各縣置委員會其組織如左

葦河縣委員會
- 黨委員部——其中有反日會
- 團委員部——其中有反日會
- 兵事委員部——支配少年軍

各部員均係正規黨員其所在不明

訓練少年軍通信聯絡等事項六個月後則編入正規黨員

組織決死隊擔任宣傳暗殺等工作

寧安縣委員會尙於本縣南嶺子方面活動其所在不明

(2) 東北鐵血團

滿人張連科鮮人李亨哲爲幹部集有正黨員及預備員約三百餘名受蘇聯委員會之支使於珠河縣大砬子東烏吉密等地活動焉

(3)中國共產黨

共產黨員朝鮮人崔宗烈率黨員二百名其中尙有鮮人黨員十五六名則稱名爲中國共產黨於本縣一面坡方面活動中焉

(4)第三國際蘇聯駐滿工作部

以滿鮮人組織之於滿洲東部沿線當共產宣傳及暗殺等工作

(五)　衞生

本縣並無特別衞生事宜可記載者

(六)　宗敎

本縣民多信仰佛、道、耶穌、回回、在禮等諸敎各宗敎狀況如左

1.道士廟　興隆觀

目的　以修身爲本興辦公益之事

所在地　葦河縣東街螞蜒河子

規約　十條戒歷

創立年月日　光緒三十年正月建立

主義綱領　廣行善事救濟貧民修橋補路

經費之出所及用途　所有荒地四方外尚有少數熟地以該所產之穀量賣得現金充作經費外並救濟貧民

廟主姓名　闕圓照

年齡籍貫　年七十歲河北省人

僧侶數　九名

2.在禮教公所

名稱　存善堂公所

目的　修身爲本

公所所在地　葦河縣城一面坡

規約　善、勤、

創立年月日　民國十八年三月

主義綱領　謀戒烟酒

經費之出所及用途　經費由信者募集之

所主姓名籍貫年齡　馬忠五奉天人年六十二歲

信者數　三十二人

3.基督教

名稱　基督教會
所在地　葦河縣城東大街小什字街北路東
創立年月日　民國十八年一月
主義綱領　以基督之教義爲綱領
經費出所及用途　自哈埠總會發給經費充當用費
主任者姓名籍貫年齡　顧宗昌山東人年四十二歲
信者數　六名
參拜事項　每日曜日集合信者爲參拜事宜

（七）各機關組織

- 縣公署
  - 總務科
  - 田賦徵收處
  - 契稅徵收處
  - 警務局
    - 各科
    - 第一、二、三、四、五、六等區警察署
    - 警察大隊

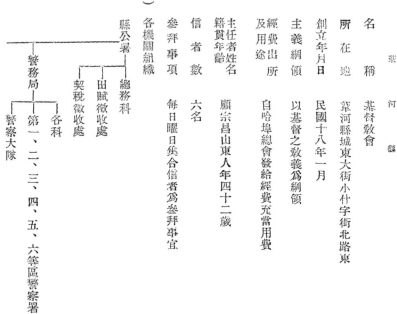

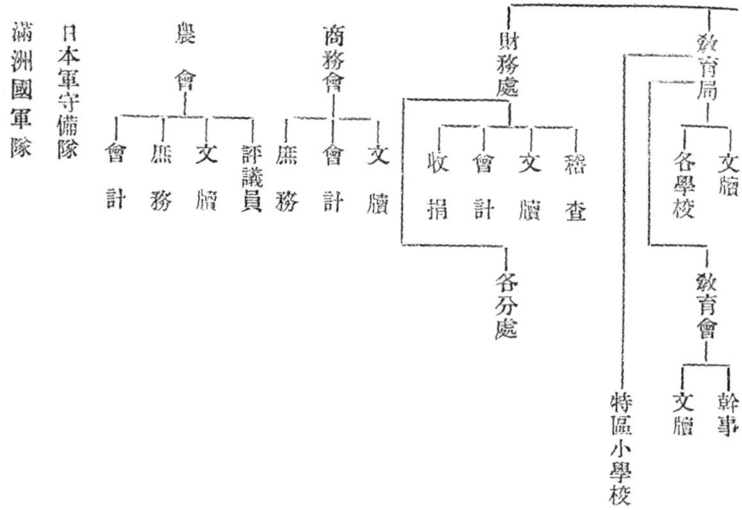

教育局
文牘
各學校
教育會
幹事
文牘
特區小學校
財務處
稽查
文牘
會計
收捐
各分處
商務會
文牘
會計
庶務
農會
評議員
文牘
庶務
會計
日本軍守備隊
滿洲國軍隊

治安維持會

稅　捐　局

木石稅局

特區警察所

郵　政　局

電　話　局

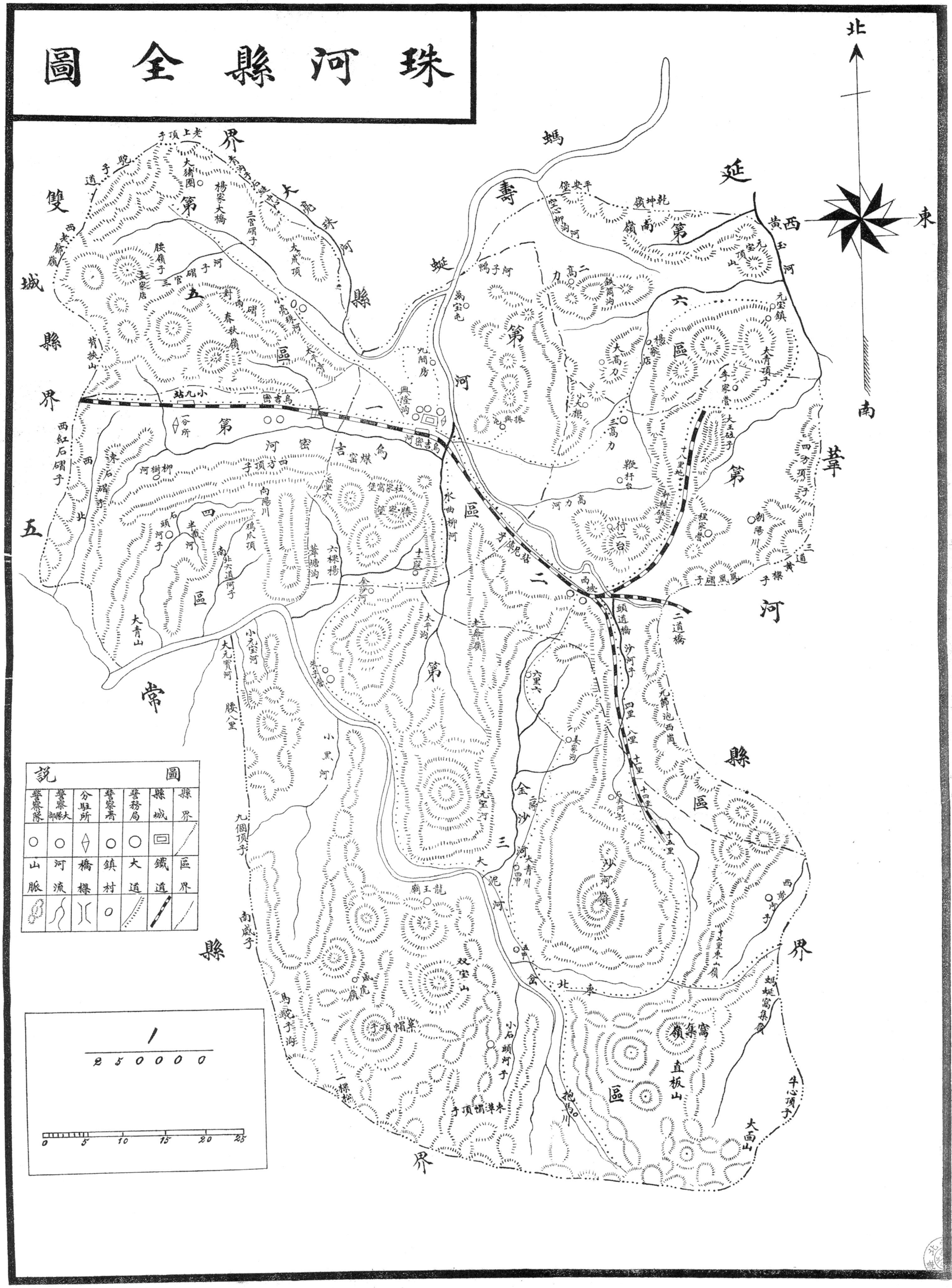

珠河縣全圖
圖説
縣界
縣城
警務局
警察署
分駐所
警察大隊部
警察隊
區界
鐵道
大道
鎮村
橋梁
河流
山脈
1/250000
0 5 10 15 20 25

珠河縣城圖

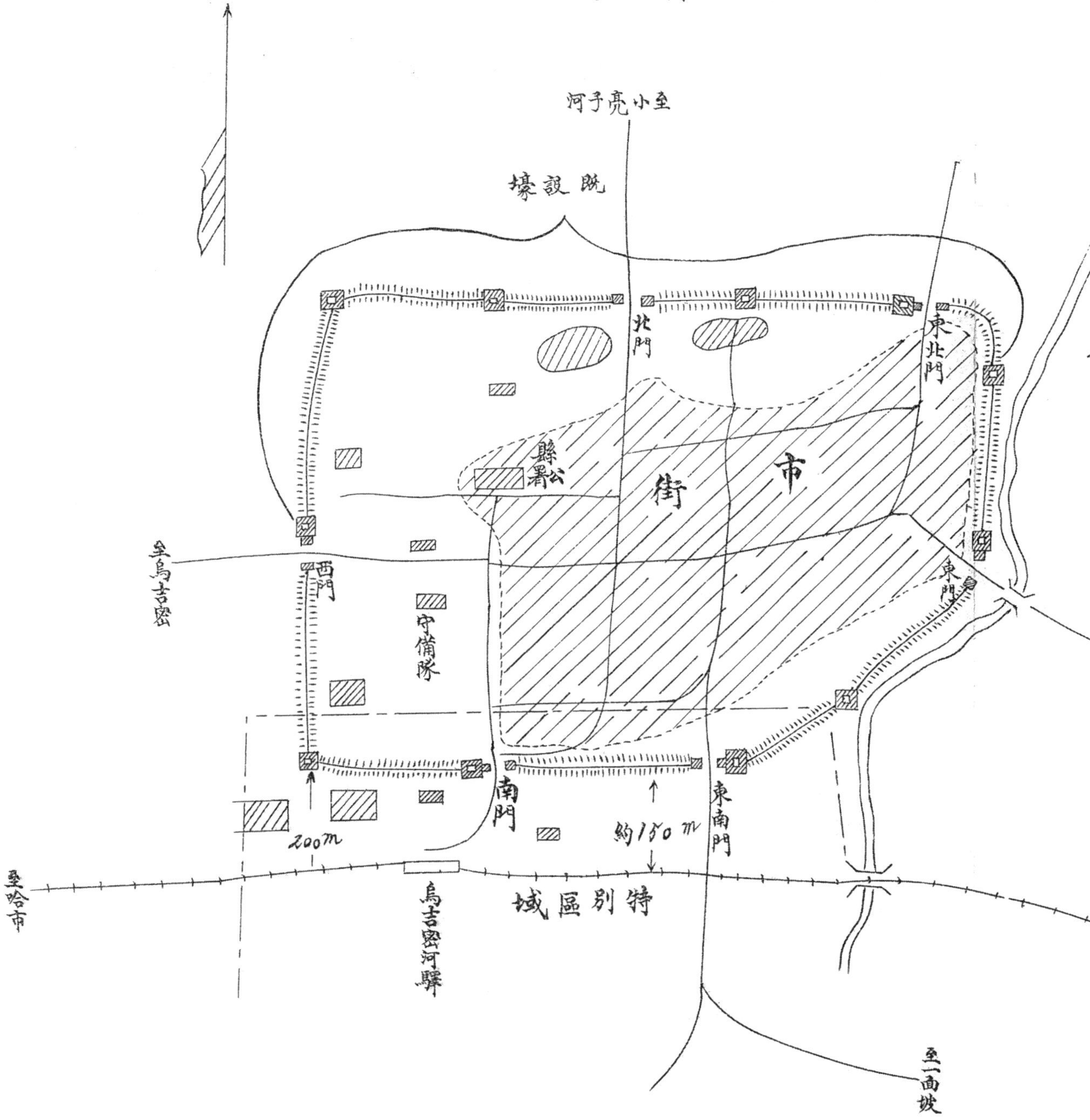
至小亮子河
既設壕
北門
東北門
縣公署
市街
西門
守備隊
至烏吉密
東門
至河東農場
南門
東南門
約150m
200m
至哈市
特別區域
烏吉密河驛
至一面坡
至一面坡

壁斷面圖

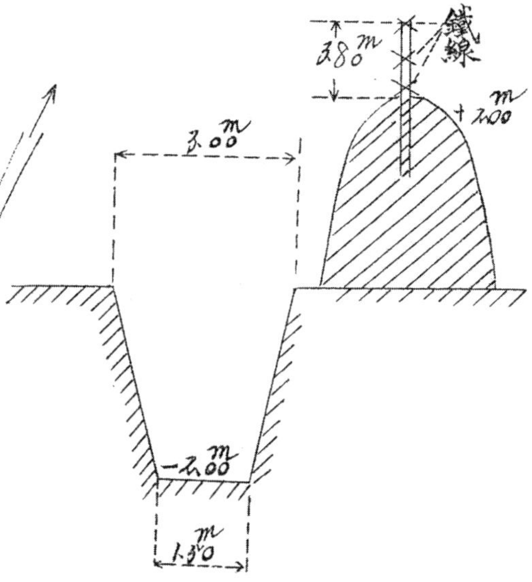
鐵線
3.80m
2.00m
3.00m
1.00m
1.50m

珠河縣

目次

珠河縣

第一 位置

珠河縣位於東經百二十八度十分北緯四五度十分居新京之東北相距約八百餘滿里爲北滿鐵路最衝要之區域

縣境計南北長二百餘里東西寬一百餘里距五常縣城二百餘里至縣境交界處約一百二三十里東距葦河縣城九十里至交界處約五六十里東北距延壽縣城九十里至交界處約四五十里西北距賓縣城約二百里至交界處六七十里西距阿城縣城二百二十餘里至交界約六七十滿里

第二 地勢、氣候

珠河縣境無險峻山嶽之起伏地勢甚高多山田爲一山僻之地方也自縣之東南亙至西南連衡大面山、長崗拉林河之上流大泥河則發源於長崗向西北流則入五常縣境縣之分水嶺蓋自縣之中央東西走經流葦河縣瑪蜒河貫流縣之東北入延壽縣自中央分水嶺流出之小河流或南流或北流則均流入大泥河及瑪蜒河等

瑪蜒河流域之平原最爲開化北滿鐵路緣其流域東西走實爲本縣最繁盛之區域也

縣境土質紅黃赤白黑五色俱備惟黃土地最多佔百分之五十白土雜以白土者次之佔百分之二十五黑土地又次之佔百分之二十紅赤土地更次之佔百分之四、五其黃壤黑壤白墳赤墳均爲種植收產最富之沃土

本縣之氣候熱少寒多每年於穀雨後方能解凍霜降前即見結冰冬季常飄清雪夏季每多雨滂大暑之後暴熱倍於尋常然爲期甚短

平均氣候狀況如左

平均氣溫	三・一	比新京低	一・五
最高氣溫	九・一	〃	一・七
最低氣溫	二・八	〃	一・三
最高極氣溫	三七・〇	〃	二・五
最低極氣溫	四三・〇	〃	七・四
水量	七〇九・一	比新京多	六三・五
降雨雪日數	一四三日	比新京多	三五日
晴天日數	九〇日	〃	一八日
初雪	十月十七日		
終雪	四月十九日		
初霜	九月廿九日		
終霜	五月十一日		

第二　面積

本縣全面積	一三・五〇〇餘方里	約六〇七・五〇〇垧
耕地面積(荒熟地)	七・五〇〇方里	約三三七・五〇〇垧

已耕地面積　約一二〇・〇〇〇垧

可耕地面積　約二一七・〇〇〇垧

不可耕地面積　六・〇〇〇方里　約二七〇・〇〇〇垧

第四　戶口、人口、

民國十九年調查全境民戶兩萬餘戶人口十萬餘人及民國二十年略有增加迨事變之後奔走流離不知所屆居戶又見銳減蓋以有產業者多遠徙奔避未歸無產業之佃耕浮戶任意遷徙不可遏止也

茲將本縣民國十九年度戶口人口調查表列左

區別	戶口	人口	主要鎮別	戶口	人口
第一區	四・〇〇〇	二〇・〇〇〇	珠河街	三・〇〇〇	二〇・〇〇〇
第二區	四・〇〇〇	二〇・〇〇〇	一面坡	三・〇〇〇	二〇・〇〇〇
第三區	二・〇〇〇	一〇・〇〇〇	珠子營		
第四區	四・〇〇〇	二〇・〇〇〇	烏吉密	一・〇〇〇	五・〇〇〇
第五區	三・〇〇〇	一五・〇〇〇	小九站	一・〇〇〇	五・〇〇〇
第六區	三・〇〇〇	一五・〇〇〇	元寶鎮	一・〇〇〇	五・〇〇〇
合計	二〇・〇〇〇	一〇〇・〇〇〇	全縣每年出生者約二萬餘死亡者一萬餘		

職業別戸口概數

農業	一四・〇〇〇餘戸	六〇・〇〇〇餘人
商業	一・〇〇〇 〃	一〇・〇〇〇 〃
工業	一・〇〇〇 〃	一〇・〇〇〇 〃
紳學雜役	四・〇〇〇 〃	二〇・〇〇〇 〃

民族別戸口概數

滿籍民族	一八・〇〇〇餘戸	九〇・〇〇〇餘人
回籍民族	六〇〇 〃	三・〇〇〇 〃
鮮籍民族	七〇〇 〃	四・〇〇〇 〃
俄籍民族	七〇〇 〃	三・〇〇〇 〃

第五　交通、通信

本縣之北部有北滿鐵路沿線尚有電話線之設置北部之道路網亦甚發達縣之南北交通均極便利

(1) 北滿鐵路

本鐵路由縣之北部東西貫通有小九站、烏吉密、一姑娘站、一面坡等四站每日通客貨車該貨車所運輸之貨物數量自事變以來比民國二十年減少十分之四該鐵路運輸營業狀況本年度共輸出五萬噸輸入約五千噸移出主要貨物大豆一項輸出四萬噸以上自一面坡向南行尚有四十六滿里北行三十七滿里有運搬木材之支線

(2) 陸路

本縣北部之道路固甚發達然多爲滿洲式之土馬路尙　橋梁之建築至夏季道路泥濘自動車及大車之通行甚感覺不便

主要道路網如左

珠河縣城
- 一面坡—珠子營
- 元寶鎮
- 延壽
- 烏吉密
  - 亮珠河
  - 珠子營

治安維持會成立後計劃修築交通網左列之三道現已完成

烏吉密河——延壽
同——元寶鎮——一面坡
同——一面坡——葦河縣城

(3) 水運

本縣內並有諸河川水運之便

(4) 電話

縣內電話發達較遲僅自縣城可通延壽縣城間一線其他各鎮則利用北滿鐵路電話線得以連絡縣城與各警察署間之連絡如一面坡警察署亦利用北滿電話線爲之連絡

治安維持會成立後同時計劃電話網現正計劃架設進行

(6)電信　二等電報局一所

(7)郵政　二等郵便局一所各區則設有分局或代辦所

並無其他無線電信電話之設備

第六　產業

(一)農業

(1)概況

本縣之農業自民國五年撥放官荒招徠客籍民戶開墾漸久集聚全境農工商民戶達兩萬餘戶十萬餘口十一年設治全縣分爲六區地已開墾大半土甚肥饒惟土地居多佃戶利於工作平川地約四分之一開成較晚業主每許以開墾五年或七八年後納租故數年來業戶不得利佃戶易於移動一經變故則遷徙流亡不克遏止也

常年全縣農戶一萬餘戶除學齡兒不計外從事農業工作者三萬餘人

(2)耕地面積

已耕地　一二〇、〇〇〇餘垧

未耕可耕地　二一七、五〇〇餘垧

(3)耕種農產物

大豆、包米、高粱、小麥、水稻等

(4)耕種面積及收穫額概數表

(5) 農產物消費狀況

種別＼項別	耕種面積	每垧產量	總收穫額	每石價格	總價格	備考
大豆	八〇、〇〇〇	四石	三二〇、〇〇〇	一〇、〇〇元	三、二〇〇、〇〇〇元	各地產量不等
包米	三〇、〇〇〇	七	二一〇、〇〇〇	五、〇〇	一、〇五〇、〇〇〇	
高粱	二〇、〇〇〇	五	一〇〇、〇〇〇	六、〇〇	六〇〇、〇〇〇	
穀子	三、〇〇〇	六	一八、〇〇〇	五、〇〇	九〇、〇〇〇	
水稻	五、〇〇〇	一八	九〇、〇〇〇	一〇、〇〇	九〇〇、〇〇〇	

大豆	所產數量能消費十分之一計三萬二千餘石	大豆多輸出口外 稻子多運往鄰埠 惟包米新陳相續可接濟青黃
包米	同　十分之九計十八萬餘石	
高粱 穀子	產出之量可盡數消費二萬八千餘石	
稻子	所產數量能消費十分之四計三萬六千餘石	

(6) 耕種地主戶數及租種地戶

本縣租種地者較多因新開墾地五年乃至八年無租之故也

地主自耕地　二、〇〇〇餘垧（約估十分之二）　一、四〇〇餘戶

地戶耕種地　一〇、〇〇〇餘垧（約佔十分之九）一二、六〇〇餘戶

(7) 水田狀況

(一)本縣水田之沿革

民國十六年間本縣耕種水田者約六十餘戶水田地約八十垧因種子不良之關係則終歸失敗翌年更開拓一百垧合計百八十垧之水田依種種之研究改善預期成績果優良獲利甚多於是鮮人繼續移居來此一時水田農戶增至二百餘戶地達一千餘垧其後逢舊軍閥之壓迫亦不論其十年間之租約滿人地主強制收回錦縣、盤山縣、西豐縣等滿人一時將一千垧水田中收回七百垧自己耕種之然該地朝鮮共產黨不平而奮起將滿人地主之水田強制奪回二百垧鮮人始有五百餘垧水田地之耕種

事變後地方不靜鮮人多避難於烏吉密河該地亦極危險更移於哈爾濱及大同二年三月間當地之鮮人僅九十餘戶四百五十餘人然至大同二年五月間於當地河東一帶有設置安全農村之計劃

(二)河東安全農村設置之經緯

該農村為朝鮮總督府補助事業由東亞勸業株式會社辦理河東地企圖收容哈爾濱方面一千餘戶四五千人之避難鮮人將其所要地及既成水田地北延至延壽縣

該地戶口人口面積列示如左　（大同二年三月末）

縣名	區名	鄉名	面積 垧	水田 垧	水田可種地 垧	滿人 戶口	滿人 人口	鮮人 戶口	鮮人 人口	備考

珠河	第一區	長發鄉	一、六〇〇	四〇〇	三〇〇	一六八	一、二〇〇	四三	二五	滿人中六〇戶稱水田
		東安鄉	一、三〇〇	四一〇	三〇〇	一五〇	八〇〇	四八	二四〇	滿人中七〇戶耕種水田
		永安縣	九〇〇	一〇〇	一〇〇	五〇	二六〇			
小計			四、〇〇〇	一、一一〇	七〇〇	三六八	二、二六〇	九一	四五五	
延壽縣	第二區	東南鄉	二、二〇〇	三〇〇	一、五〇〇	一八〇	一、〇〇〇			
總計			六、二〇〇	一、四一〇	二、二〇〇	五四八	三、二六〇	九一	四五五	

土地種別表

東安鄉　民地　一、二九一垧　地主五九
　　　　學田　一〇垧
　　　　荒地　五〇垧
長發鄉　熟地　一、八一〇垧　地主八一
　　　　荒地　一〇〇垧

關於該農村設置最感覺困難事項

一、地主要求租種地者遷移時非一年前預先通告不可並且土地之耕種均於舊正月間耕種者互定契約之慣例加之春耕期迫則令其遷移致使其不得不徒食一年

二、可遷移之農民對於新住地之備置

三、對於遷移農民遷移費之協定

四、對於商租地價之協定

春耕期迫事業交涉如急激進行關係日滿感情當事者亦屢加協議最善祇可互相讓步茲記河東安全農村設置土地商租辦理之協定並見東亞勸業株式會社之提案如左

所要全面積	約三、五〇〇垧
可即時收買地	約一、四〇〇垧
既成水田地	約 八四〇垧
可闢水田地	約 五四〇垧
明年播種期前可購買地	約二、一〇〇垧

第一期計劃進行河東安全農村之設置

地價及遷移費發給辦法如左

遷移農民可於四月十五日至農會由農民要求會社發給遷移費

一、發給農民之遷移費大人一個月三元小人一元五角分爲五個月發給之

二、運搬什物規定農民五六人者大車一輛十人者二輛十五人者三輛二十人者四輛每輛大車發五元車費

三、運搬不便粗大之木板及穀物等如希望賣出者則依市價購買之

四、遷移者如遷至外縣時則由縣公署發給證明書公司則代爲盡力協助之

遷移者數及發給款額如左

長發鄉	一六日	一一名	六八六元
	一七日	五三名	四・三九三元
	計	六四名	五・〇七九元
東安鄉	一六日	三七名	二・七五五元
	一七日	六〇名	四・〇六六元
	計	九七名	六・八二一元
總計		一六一名	一一・九一〇元

當二十八日夕刻於一面坡辦事處集合地主十數名並請警察局長出席關於地價規定協議辦法草案翌朝更加詳細考核修正其二三共規定二十條內容主要者如左

1. 水田之價格以左列爲標準

上等(地面平坦容易引水者)每垧哈洋四五〇圓

下等(地面不平溝窪壕句者) ,, 三五〇圓

2. 旱田之價格以左列爲標準

上等(地面平坦者) 每垧哈洋三五〇圓

下等(地面不平溝窪壕句者) ,, 二五〇圓

3. 房屋價格以左列爲標準

上等(五檁五椽)　每間哈洋　二〇〇圓

中等(五檁三椽)　,,　一五〇圓

下等(類似馬棚者)　,,　一〇〇圓

4. 旱田地內如有水井者亦按水田價格每垧哈洋四五〇圓

5. 商租地內如有葬埋墳墓者每棺發給移轉費一〇〇圓

6. 房院中如有磨盤及樹木時則由東亞勸業會社發給原主相當之代價

7. 土地面積勘丈之單位以二八八弓爲一畝以十畝爲一垧

8. 土地面積勘丈之際招集所轄縣公署官吏、及地主、商租人並鄉農會長出席其費用則由商租人擔負之

9. 商租土地範圍內之溝渠壕甸不可扣除之

10 商租前地主所修築之水堰河堰等工費由東亞勸業發給相當補償費

11 支給地主遷移費

12 滿人遷移之民戶則由縣公署命警務局探求相當移住地

13 土地房屋之價値可即時决定之如不能即時决定者以地方士紳及各機關責任者組織委員會公平决定之

14 土地房屋之價款於契約成立後同時發給之

河東安全農村設置土地商租案辦理協定

爲河東安全農村設置土地商租案遵重收容避難鮮人農村設置進行辦法五條之精神五月五日於珠河縣公署一面坡辦事處日滿兩國關係者列席商議結果據左記各條實施協定之

第一條　東亞勸業株式會社依據收容避難鮮人農村設置進行辦法第一條之二千五百町步土地商租區域速爲決定

第二條　土地商租料及房屋價格依三方面急決定尚屬實情困難故擬以公正最善解決辦法由日滿兩國選任同數委員組織土地及房屋評價委員會（以下稱委員會）

委員會由左列各方面選任委員

日本側

關東軍　一名　朝鮮總督府　一名
哈爾濱總領事館　一名　滿鐵　一名
東亞勸業　一名　（計五名）

滿洲側

實業部　一名　吉林省公署　一名
珠河縣公署　一名　延壽縣公署　一名
珠河延壽兩縣有力者一名　（五名）

第三條　委員會設置珠河縣公署內由珠河縣公署及東亞勸業株式會社各選任幹部一名處理委員會關係之事務

第四條　委員會實施共同調查商租區域內土地及房屋價格及等級六月底止決定之委員會會議之決定以多數可決

但可否同數及若種種難定時呈請吉林省公署及吉林日本總領事館合議裁決

第五條　關係縣長基於委員會之決定飭地主對東亞勸業株式會社實行辦理土地商租及房屋讓渡

第六條　東亞勸業株式會社以委員會之決定而將代價交淸時即可受領所讓渡之商租土地及房屋

第七條　土地及房屋所有者不待委員會之決定倘有希望土地商租及房屋讓渡者與東亞勸業株式會社自由商議該決定者逕達縣公署履行商租手續

前項手續完了場合每次報告于委員會

第八條　土地商租及房屋讓渡承諾者於委員會決定以前特欲受領代價接濟時經縣公署認該土地及房屋所有權者交出權利所有證憑書類之時東亞勸業株式會社準照左例定額支給之

於縣公署所證明之所有權者縣公署負其全責

水田旱地一垧地四拾元　房屋每間貳拾元

第九條　珠河縣長遵照收容避難鮮人農村設置進行辦法第二條及第四條之主旨於委員會決定以前已墾全部水田及水路用地並同地上之建築物使用等容許東亞勸業株式會社進行辦理

第十條　東亞勸業株式會社於前項土地即收容避難鮮人耕作

第十一條　關係縣長急照本協定之主旨佈告周知

第十二條　除本協定外依別紙附屬略節事項辦理

大同二年五月五日

吉林省公署參事官　趙汝楳　印
吉林省珠河縣縣長　趙宗淸　印
吉林省延壽縣縣長　李春魁　印
東亞勸業株式會社專務取締役　花井修治　印

附屬略節事項

一、計畫地區域內已耕種者有遷讓必要之時查定實費適當補償之
二、辦法據第三條期日內暫難遷讓者照地方慣例該管轄縣長與東亞勸業株式會社合議適當處置辦理
三、水路用地關係遷讓者辦法據第四條辦理、但實情容許者可及定以相當日期由縣公署豫告遷讓戶
四、既爲東亞勸業株式會社之佃戶本年耕種者遷讓之時概不給遷移費
五、東亞勸業株式會社承認之佃戶本年耕種者地租依地方慣例辦理
六、佃戶所有之動產讓渡價格由各鄉長及各閭長與東亞勸業株式會社協議決定之
七、評價委員會幹事至五月二十日止定妥互相通知各委員
八、委員會期於五月二十五日開催會議調査方針引續實行現地調査
九、委員會所需諸雜費由東亞勸業株式會社負擔
十、東亞勸業株式會社關於事業進行與管轄縣公署互應十分連絡

八月中旬狀況表如左

戶數	人口			已成立商租地	耕種地面積	每戶耕種面積
	男	女	計			
五七九	一・三九七	一・〇九八	二・四九五	二・三六三垧	一・一八二垧	水田　二垧 旱田　五畝

將來計劃以二千垧爲基礎現尚餘四百三十餘垧可總收容住民一千戶每戶平均可分三垧土地之計劃

(8)農事試驗場

縣街富貴之東有農事試驗場之設立田地共有三垧七畝爲縣農會管理之並指導農事試驗等事宜

(二)牧畜

牛馬多爲農戶耕稼或駕車之用飼養之牛屠殺者則供地場之消費每年屠殺黃牛約八百餘頭猪約九千餘頭大同元年因受兵匪之災則減少十分之五、六

縣內家畜家禽概數如左

騾馬　二五・〇〇〇匹
牛　五・〇〇〇頭
驢　二・〇〇〇匹
猪　五〇・〇〇〇頭
雞　八〇・〇〇〇隻

鴨　一〇・〇〇〇隻

(三)林業

本縣開放之初山林甚富其後居民日多或隨時伐採或開墾燒用現已無深密之森林三四五六等區僅可供住民燃薪之用一二等區供給燃薪亦爲不可能之狀態三六等區俄商及德政堂啓太和等林場約百餘萬方里現已完全採伐均化爲熟地三區邊境之地及葦河、五常縣界僅存有少許苗圃之試驗植林尚未有施行

(四)鑛業

本縣內並無特別礦產大道南煤窰岡之煤礦於二年前施行採掘然成績不佳於去歲已停止營業矣

(五)本縣之工業除電燈公司及精米所其他如鐵匠木匠等並無大工業場之設置

電燈廠有東耀電燈公司於大同元年被火災焚毀現計劃再行恢復營業

種別	戶數	人員	每日平均獲利
鐵匠	六	三〇	五〇元
木匠	七	二〇	七〇元
窰業	七	四〇	六〇元

(六)商業

本縣商業並無新式營業法及金融機關仍依舊式營業法經營之僅有雜貨商四十餘家糧業二十家每日平均郵便匯兌郵便儲金約二百元縣民均使用哈洋及國幣國幣每一元兌哈洋一元二角五分

（七）權度

本縣使用之權度單位如左

斗	每斗合本地秤四十一斤每斤爲十六兩	秤量穀物用
市	每市爲四〇斤當本地秤三〇斤	稱爲磅秤或爲秤
尺	六十六寸	裁尺或稱爲符裁尺

第七

(1) 概況

縣公署操全縣政治之總樞公安局保持公安總局駐縣街各區設有分局保衛隊勦捕盜匪總隊駐一面坡各區設有正隊財務處總理地方財政駐縣街各區設有分處有由警察代辦者教育局督飭教育駐縣各區設有初高學校一處或二處不等本年添設自衛團辦事處駐縣街總管各區鄉自衛團事宜

(2) 地方行政區劃

全縣共分爲六區縣街周圍爲一區共爲一鎮十鄉東南一面坡爲第二區共分爲一鎮九鄉南朱子營爲三區共分八鄉西烏吉密爲第四區共分爲二鎮十二鄉西北亮子河爲第五區共分爲一鎮八鄉東北元寶鎮爲第六區共分爲一鎮七鄉

地方自治組織如左

每區設有自治區公所一處置區長一人助理一人每鄉鎮各設鎮公所或鄉公所一處鎮置鎮副鎮長鄉置鄉長副鄉長各一

人自大同元年三月一日奉文裁撤區鎭各公所當取消惟各公所或併於鄉農會均改稱爲鄉農會而鄉長制之名義尙存皆隷屬於各該區農會辦事歸縣農會統屬商務會總理商家各事再自衞團團總保董各駐所亦可謂地方自治之機關焉

(3) 官公吏

官公各機關團體各置首領及輔佐在行政機關爲官吏在自治機關者爲公官其他制度內稅捐局長爲官吏電報電話郵政局長爲公吏

(二)警備

本縣有警察隊滿洲國軍隊外尙有山林警備隊及日本軍屯駐於縣內擔任警備治安之工作

(1) 警務局並警察隊

警務局駐於縣街各警察署駐在如左

第一區警察署　駐縣街
第二區　〃　駐一面坡
第三區　〃　駐朱子營
第四區　〃　駐烏吉密
第五區　〃　駐亮珠河
第六區　〃　駐元寶鎭

行政警察隊員　一九五名
槍械　一六支
並無消防署之設置

本縣警察隊於二年七月一日自保衞隊三百二十三名改編而編成者近來漸爲完善然已經數次之改編耳

第二次改編(二年八月七日)

保衛團於八月上旬改編後將不良份子完全除去僅留三百〇九名各隊員均交像片粘於軍隊手帳中當八月七日日本軍之將校則實行指導訓練之

隊別	駐在地	隊員數	兵器數	子彈	摘要
大隊部	烏吉密河	七		各持二十發或三十發	
第一中隊	一面坡	八〇	八〇	,,	
第二中隊第三中隊之一部	烏吉密河	一七二	一七二	,,	八月三十一日第二中隊兵逃亡五十名
第三中隊	烏吉密	二六	二六	,,	
騎馬隊	烏吉密河	二四	二四	,,	
計		三〇九	三〇二	八、〇〇〇	

左表則爲計劃第三次改編表

警務局大同二年度終豫算如左

警察署監督下之公衆娛樂場所如左

項別／地別	縣街	一面坡	備考
戲園	三處	一處	
妓館	八家(妓女二四名)	二十家(妓女二八名)	均係三等妓館

(2) 自衞團

本縣自衞團於大同元年十月十六日依省令共設有五處總辦公處有六團員共一千餘名自治安維持會成立後則詳細調查團員均爲良善份子而編成者

自衞團除烏吉密河(縣街)及一面坡外其他均非職業性質之團員兵器蓋全爲舊式之槍械除烏吉密河自衞團外其他各團槍均不完備給費等均由當地之農民担負之自事變以來地方甚爲窮困關於自衞團之壯丁至今尙未實現焉

第一區河東農場地之自衞團以當地農民約三十餘名編爲二組每團員月發給哈洋八元津貼當二年三月勸業公司收容之鮮人移民縣公署當局亦有相當之計劃及六月末以鮮人組織自衞團該團所有之槍械於當地日本領事館警察官派遣所保管之其後該公司將槍械等均行賣出遂於八月十七日將該自衞團解散矣

自衞團一覽表(大同二年七月二十一日)

區別	團總辦公處	保董	團員	槍械	彈藥	備考
第一區	縣城街	一一	二四七	小槍二一七 洋砲九八	小槍彈藥三五〇發 洋砲彈藥四〇、五斤	保董 縣街四名 長發鄉 東安鄉 龍村鄉 富國鄉 南平鄉 興隆鄉 朝陽鄉 各一名

第二區	一面坡街	一〇	二二三	小槍二一五 洋砲九七	小槍彈藥三〇〇發 洋砲彈藥一七、五斤	保董 一面坡六名 長仁鄉 三陽鄉 興安鄉 石門鄉 各一名
第三區	一面坡街	六	一一九	小槍七一 洋砲四六	小槍彈藥一八五發 洋砲彈藥一一斤	保董 金滿鄉 青川鄉 康樂鄉 德潤鄉 珠平鄉 金沙鄉 各一名
第四區	烏吉密街	八	二四〇	小槍一七二 洋砲六〇	小槍彈藥二四五發 洋砲彈藥七斤	保董 烏吉密、街二名 小九站、世文鄉 東紅石摺子、三股六屯 西紅石摺子、安富鄉 永清鄉、各一名
第五區	亮珠鎮	七	一二六	小槍八四 洋砲四三	小槍彈藥二二〇發 洋砲彈藥九斤	保董 長安鄉 雙仁鄉 興安鄉 侯林鄉 富永鄉 長治鄉 成功鄉 各一名

第六區	元寶鎮	七	一二九	小槍 一二 洋砲 一〇四	小槍彈藥 九〇發 洋砲彈藥 一四、五斤	保董 楊家店 鎮南村 元寶鎮 忠信村 裕民村 居仁村 磐石村 各一名
合計	六	四九	一、〇八四	小槍六七一 洋砲四四八	小槍彈藥一、三九〇 洋砲彈藥九九、五斤	

(3) 青林警備第二旅第四團

該團於大同二年四月八日午前二時始駐防於一面坡兵士約九百名担任本縣勦匪事宜第四團團長爲蔡文三第二營營長爲徐士模

(4) 山林警備隊

山林警備隊第三營之一連兵士約一百餘名向駐於延壽縣自大同二年三月二十八日受司令官之命令始移駐於珠河縣第六區元寶鎮

(5) 日本軍守備隊

日本軍駐於縣城街及一面坡等地大同二年六月六日治安維持會成立後則擔任各警備機關之統制訓育或討伐賊匪或整備各交通機關等一切後援指揮事宜

(6) 匪賊狀況

本縣尚稱有大部份匪賊之盤踞多利用山林以便逃走隣縣或隠藏縣內諸山起伏處別表所列之紅槍會匪約三百餘名（匪首呂克義、王白謙）企圖反滿抗日之盛行

(7) 縣城防備壕

爲防備縣城堅固於縣城之周圍築成幅寬八尺深約六尺底寛四闊之護城壕長約五支里餘除土工費外尚需四千五百餘元之建築費將來預定改築幅寬一丈深約七尺之護城壕焉

（二） 教育

(1) 概況

本縣之教育進行較遲中等以上之教育機關並無設置小學校計有十四校學生四十六班共一千五百零五人及事變以來完全停辦嗣於元年九月一日恢復男女學校八校現有學生二十六班八百三十九人職教員四十八人

本縣於事變前有若干學校之設立現鑑於欲除縣民窮困及縣財政疲弊之狀態現在各職教員均無薪俸義務性質之維持教育焉

本縣社會教育機關原有民衆學校十處因事變則已停辦矣

（三） 財政

本縣財政向恃垧捐糧捐爲大宗之收入自事變以來非常艱窘蓋因田地荒蕪則垧捐無出五穀歉收則糧捐亦告竭也

民國二十年自永衡官銀號貸借吉大洋四萬元（利率一分四厘）現因財政極其窮困亦無力償還現在縣內行政諸費則依國家之補助費尚可維持耳

(2) 田賦徵收之狀況

本縣約有升科熟地四萬垧每垧年納大租吉洋五角由縣公署代爲徵收之

(3) 大同元年度支出豫算額

財務處	一一、六一五、六〇
警務局	三二、六一九、五一
教育局	一三、八二二、〇〇
保衛團	五八、九一二、二二（大同二年七月一日改編爲警察隊）
游巡隊	二、四九四、八〇
農事試驗場	二三一、〇一
屠宰場經費	二、四九四、八〇
協助費	三、三四一、〇六
預備費	一三、七六一、七七
計	一三九、二九二、七七

(4) 國稅徵收之狀況

大同元年度徵收國稅約在十萬元之譜歸一面坡國稅徵收局管理之

(5) 官公有財産

縣公署磚牆鐵蓋房屋一百八十餘間（教育局財務處公安局監獄等均在內）

（四）司法

本縣自去歲事變以來兵匪紛擾鄉間人民避難他方居多間有貧黎無力他移一過躬耕田畝苟全性命而已現在境內紳商富戶等由外遷回者仍屬寥寥故舊有訟案現尚無人呈追即是新收民刑案件亦屬無多查監獄羈押人犯共計六十七名民刑各案件如左

民事	三
刑事	三三

（五）宗教

本縣民信仰之宗教有儒教釋教道教基督教天主教五種惟信仰儒教者爲數最多

本縣教會及傳道所道觀等表如左

文廟	現在尚未建設
寺廟觀祠	共計有六
基督教會	二
天主教會	一

宗教別信仰者如左

儒教	二、五七〇

佛教	三一
道教	二〇
基督教	二三〇
天主教	七七

(六) 衛生

本縣縣民對於衛生思想尚爲幼稚警務局派有專員逐日嚴查喚起民衆注意淸潔以保衛生命檢查飲食並取締腐爛食品以防傳染病之發生

縣內並無病院之設立僅有西醫院四家滿醫藥舖六家

每年發傳染病患者及死亡數目如左

	患者數	死亡者數
天花	五一	一〇
赤痢	一〇一	二〇
傷寒病	一二一	一四
疹傷寒	七	一
猩紅熱	五	一
流行性腦脊髓膜炎	一二	三
計	二九七	四九

（七）各機關之組織

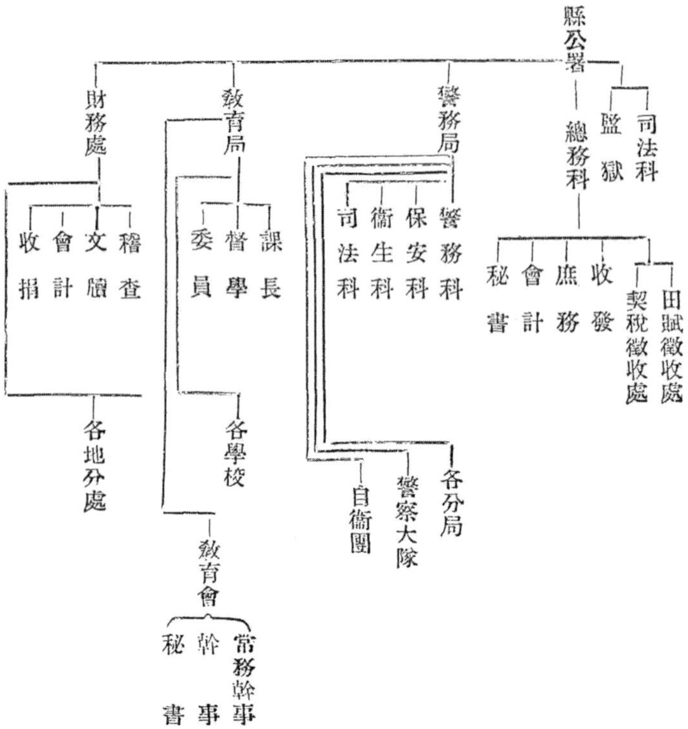
縣公署
司法科
監獄
總務科
田賦徵收處
契稅徵收處
收發
庶務
會計
秘書
警務局
警務科
保安科
衛生科
司法科
各分局
警察大隊
自衛團
教育局
課長
督學
委員
各學校
教育會
常務幹事
幹事
秘書
財務處
稽查
文牘
會計
收捐
各地分處

縣農會——農事試驗場
縣商務會
稅捐局　（於一面坡）
電報局
電話局
郵政局
自衛團辦事處
吉林警備隊
山林警備隊
治安維持會
日本軍守備隊
日本領事館一面坡警察分署　河東警官派出所

延壽縣圖

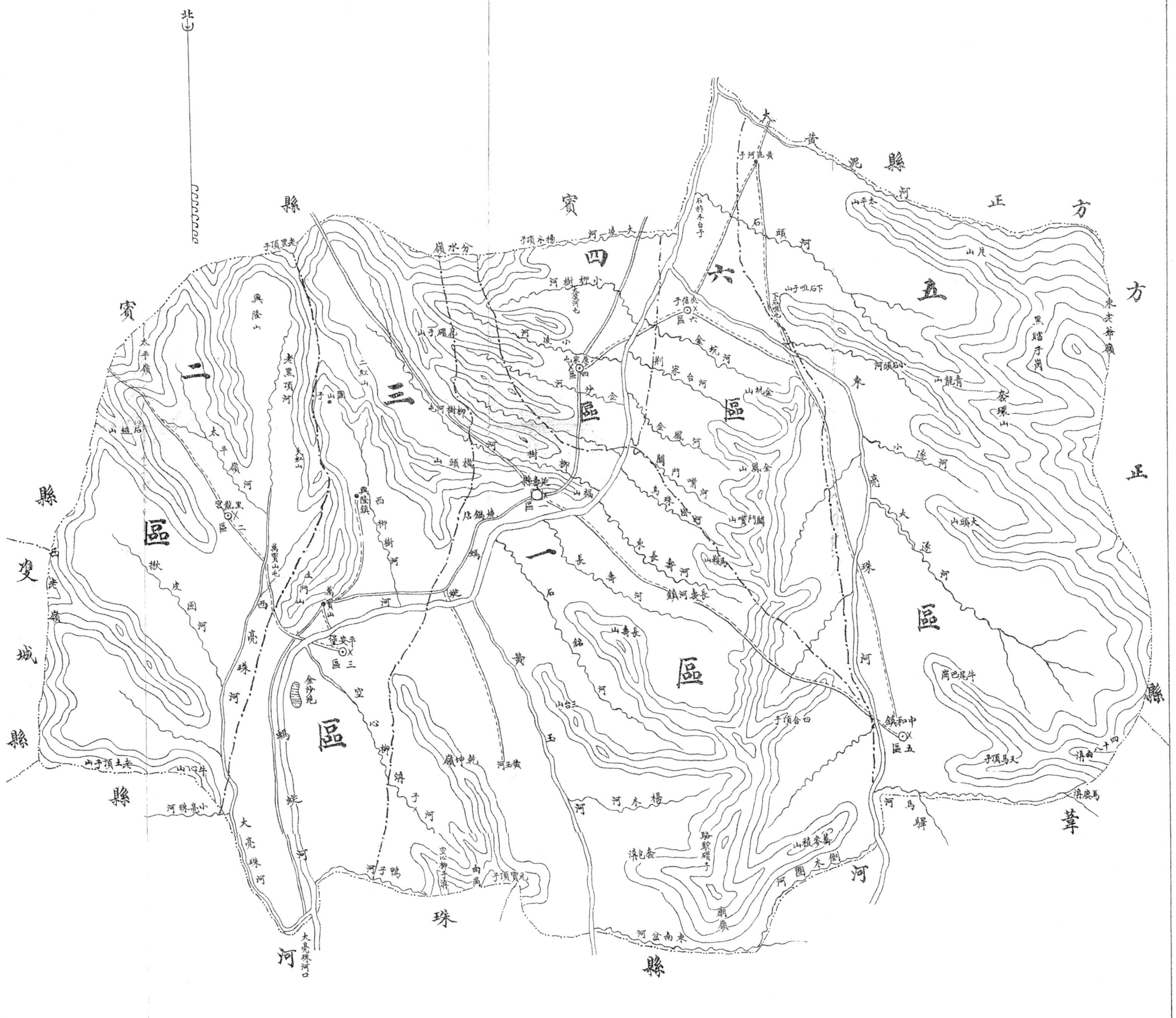

延壽縣

目次

延壽縣目次

延壽縣

第一　沿　革

本縣開拓於前淸光緒年間至光緒五年始行撥給農民荒地用資獎勵開墾云時至光緒二十九年乃行設治定名長壽迄民國三年改稱同賓復於民國十八年改爲現在之延壽縣焉

第二　位　置

本縣位於吉林省城之西南五百四十里介於北緯四十五度三十五分東經一百二十九度九分之間哈爾濱西北行距三百六十里東接方正南接葦河西接雙城之一隅西南達珠河北與賓縣連界焉

第三　地　勢

本縣全境多山而少平原概爲森林地帶

一、山脈

本縣最大山脈爲東老爺嶺發源於長白山脈至其他山脈均係老爺嶺之分嶺

二、河流

本縣之主要河流爲瑪娫河發源於畢展窩吉山支入本縣東北流至方正縣注入松花江焉其他尚有黃玉河等大小三十餘處均不能行船僅河水及尺河幅一丈左右咸注入於瑪娫河者

瑪娫河在去年北滿大水災前雖不克航行大船然尚時有小船航行其間該水災而後荒廢已甚致呈不能行船之狀態矣

其主要河流如左

一、瑪蜒河

二、黃玉河

三、大亮珠河

四、西亮珠河

五、東亮珠河

第四　面積　人口、戶口

一、面積

本縣全境東西寬二百一十五里南北長一百一十里合計面積二萬三千六百五十方里

既耕地		六五・三八八垧
荒地	A.可耕地	一〇四・六一二垧
	B.不可耕地	二五・〇〇〇垧
山林		二五五・〇〇〇垧
合計		四五〇・〇〇〇垧

二、人口、戶口

延壽縣戶數人口調査表

大同二年八月

種別	全縣 戶數	全縣 人口 男	全縣 人口 女	縣城 戶數	縣城 人口	農村 戶數	農村 人口
滿洲人	二六・二三五	九〇・三五六	五九・二〇九	二・一三七	一八・五〇七	二四・〇九八	一三一・〇五八
日本人 內地人	一	一	三	一	四		
日本人 朝鮮人	二〇六	五九四	四一四	六	五一	二〇〇	九五七
俄國人							
其他							
計	二六・四四二	九〇・九五一	五九・六二六	二・一四四	一八・五六二	二四・二九八	一三二・〇一五

(1) 職業別戶口數

農業　全境　二萬一千八百一十三戶　四萬八千一百二十五人

工業　全境　三千一百二十四戶　九千八百二十五人

商業　全境　二百八十三戶　一萬一千二百八十四人

(2) 主要都市戶口數

延壽縣　全市　一千八百八十一戶　八千二百九十三人

嘉信鎮　全市　四百八十五戶　二千六百二十五人
興隆鎮　全市　三百一十一戶　二千零一十八人

(3)　出生及死亡數

本年出生　男女合計　二萬一千八百三十二人
本年死亡　男女合計　九千八百九十三人

第五　行政

一、縣內各官署

縣城置縣公署及其他各官署以執行事務

茲列舉代表機關如左

縣公署
公安局
教育局
地方財務處
電話局
農事試驗場
稅捐局

郵政局
硝磺局
其自治關係機關
縣農會
縣商會
縣教育會

二、財政

本縣尤以縣城爲最去年十一月底以前紅槍會據爲根據地縣長以下之官吏均係胡匪任命對於縣城住民不徒課以重稅且時出以掠奪行爲之種種暴行結果民力疲弊財政困難其慘狀幾不忍聞然本年秋季收穫期迫一切情形或可稍見緩和焉

國稅　大同二年度收入之預期數

(一)田賦　四三・〇〇〇元(永洋)
(二)契稅　一一・〇〇〇元(永洋)

地方稅　大同二年度收入之預期數

(一)垧捐　一四二・三九〇元(國幣以下同)
(二)銷場附加稅　二〇・〇〇〇元
(三)糧捐　四五・〇〇〇元

(一)電話費　二・〇〇〇元
(一)旅店捐　三〇〇元
(一)屠宰捐　四〇〇元
(一)妓捐　一六〇元
(一)車牌捐　七・〇〇〇元
(一)汽車捐　五〇元
(一)木捐　三〇元
(一)戲捐　二〇〇元
(一)商捐　五五元
(一)公產租糧　九〇〇元
合計　二一八・四八五元

延壽縣徵收地方捐一覽表

目別	捐率
晌捐	每晌大洋一元一角
營業附加稅	值百抽一
糧捐	值百抽二

木　　捐　　値百抽二

旅店捐　　每客每宿二分

車　　捐　　其章程另定之

汽車捐　　大號月收十元小號六元

屠宰捐　　牛一頭六角豬一頭三角羊一頭二角

妓　　捐　　二等每妓月收大洋三元三等二元

戲　　捐　　每日收洋三元

商　　捐　　商會每月六元

延壽縣支出預算（大同二年度）

一、警務局支出預算額

薪俸	三五・〇四六
辦公費	一・八九九
臨時費	八・七五五
總　計	四五・七〇〇

二、地方電話局支出預算額

薪俸	三・六七一・六四

辦公費　八一六・三〇
臨時費　三・〇四九・〇六
總　計　七・五三七・〇〇

一、教育局支出預算額
薪俸　一七・三六一・〇〇
辦公費　三・五九七・〇〇
臨時費　一一・四三〇・〇〇
總　計　三二・三八八・〇〇

一、教育會支出預算額
薪俸　一・一五二・〇〇
辦公費　一三二・〇〇
總　計　一・二八四・〇〇

一、農事試驗場支出預算額
薪俸　一・五七五・〇〇
辦公費　二一五・〇〇
總　計　一・七九〇・〇〇

一、商會支出預算額

薪俸	一・六八三・〇〇
辦公費	二〇五・〇〇
臨時費	無
總計	一・八八八・〇〇

一、診療所支出預算額

薪俸	一・三五〇・〇〇
辦公費	八三五・〇〇
種痘費	無
總計	二・一八五・〇〇

一、縣公署所屬農會支出預算額

薪俸	一・一二五・〇〇
辦公費	一五九・〇〇
總計	一・二八四・〇〇

一、地方財務處支出預算額

薪俸	九・〇九九・〇〇

辦公費　一・二九五・〇〇

總　計　一〇・三九四・〇〇

延壽縣支出預算總計　一〇三・九五〇・〇〇

三、警備情形

（A）警務局

全縣分六區於各區置警察署並派分署駐在必要地點署員合計二百七十名

各區駐在地

第一區　縣城正西門裡南

第二區　龍宮鎮

第三區　平安鎮

第四區　原家屯

第五區　中和鎮

第六區　嘉信鎮

（B）警察大隊

延壽縣城去年十一月底以前紅槍會佔爲根據地縣長以下之官吏均係胡匪任命對於縣城住民不徒課以重稅且時出以

掠奪行爲之種種暴行結果民力疲弊慘不忍問至十二月初旬當時延壽縣保衛團長常方祥（現任警察大隊長）率部下四百討伐佔據縣城之紅槍會匪逐之城外率隊入城任維持治安之責隨待任命正式縣長縣參事官屬官治安亦因而漸見恢復云

時至本年六月下旬乃實行將常保衛團長所率之保衛團兵四百及分駐各地者約二百名改編爲縣警察隊並繼續調查對於素質不良及老朽者加之淘汰及實行幹部人選之計劃務期整理純粹焉

隊長之經歷

大隊長　常方祥　年六十四歲

原延壽縣保衛團總隊長人極活潑現雖年齒已高然猶志操堅實且極勇敢　對於滿洲國之成立觀念鞏固現爲大隊長認爲最爲適任

延壽縣警察大隊編制表

隊號	隊長	兵力	駐屯地	槍械	彈藥	摘要
大隊本部	常方祥	五	縣城	｜	｜	
第一中隊	韓行舟	一〇三	同	九九	各人約二十以至三十發	
第二中隊	宋慶和	一〇三	同	九九	每人約二三十粒	
第三中隊	袁海德	一〇三	馬鞍山	九九	同	
第四中隊	吳甲山	一〇三	中和鎮	九九	同	

第五中隊	喬德功		一〇四	黑龍宮	九九	同
騎兵中隊	王中山		六九	縣城	七〇頭	同
計	七				四九五	

(C)自衛團

本縣非職業式的自衛團

各自衛團原取「自衛鄉土」主義然鑑於警察隊之現狀自衛團竟不僅限於保衛尚擬命附隨日軍勦匪實地訓練勦匪方法以資附與積極的討伐小郡胡匪之能力在日軍勦伐胡匪稍有餘暇招集各地團總施行種種訓練惟第五六區胡匪攪擾過甚自衛團之訓練感覺困難

又自衛團尚無不良自衛團之胡匪化情形其素質堪稱良好

本縣自衛團一覽表如次

延壽縣自衛團一覽表　大同二年八月

團體別	團長	團長略歷	地方之信望良否	團員數	武裝 小槍	武裝 子彈	素質	經費之出處	給養狀態
縣城	張文玉	延壽縣城人四八歲原任保衛團長二年一月任自衛團長	良	二〇	20	(600)	可		

延壽胡匪情況一覽表

第一區（長壽河）	袁德興	延壽縣壽山鄉人五五歲原任農會長二年一月任爲團長	良	一三〇	120	(2,000)	可
第二區（黑龍宮）	喬德功	延壽秋皮鄉人四十七歲原業農二年一月任爲團長	最良	一三〇	130	(3.400)	良好
第三區（興隆店）	王紹德	延壽抑河鄉人三十七歲原業農二年二月任爲團長	最良	一五〇	150	(3.000)	良好
第四區（袁家店）	吳俊卿	延壽凌河鄉人四十七歲原業農二年一月任爲團長	良	七〇	60	(1.200)	良好
第五區（中和鎮拉拉屯）	王占春 阮書馨	延壽中和鎮人四六歲原業農二年三月任爲團長 延壽寶興鄉人三九歲原業農二年三月任爲團長	普通	三〇	23	(500)	良好
第六區（夾信子）	李德才	延壽夾信子人三十五歲原業農二年六月任爲團長	普通	五〇	40	(800)	山林警備隊第九連第十二連在本年五月叛亂而後其兵數兵器子彈等頗屬豐富然被壓迫目下監視中無活動希望
備考	一、子彈數目係本年一月調查一般過少最近尚擬調查而便整理						

匪首氏名	系統	性質行動之特徵	胡匪數	兵器	行動地域	其他
東山好 大山 雙塔 助國	純馬匪	雖不甚兇暴然滿洲國官憲對於討伐甚勇敢日軍往討即遁入山林日軍去後復出而蠢動	三〇〇	大部分均有小槍 子彈數目不詳	出沒於夾信子附近	約半數係舊山林警備隊逃亡者
壓東洋 南俠 四海	同右	同右	一五〇	大部分均有小槍惟子彈似不甚豐足	出沒於延壽東南方珠延縣境界	屢次出沒於珠河南方地區
壓滿洲 占西川	同右	同右	二〇〇	同右	同右	屢次與跨海匪合流
天下好 大方字 其他	土匪	集三四十名爲一幫蟄伏於縣界附近之山林中時出而威脅農民其勢力弱小	總數約一五〇上下	持有小槍者約在半數	在縣界附近之山林內	
備考	一、本表外在縣內東方山地內尚有匪首王德林者(係純粹胡匪兵力向稱二百)正在詳細偵察中					

第六　產業

本縣以農業爲主林業次之而家畜因各農家使役關係亦多飼養惟豚爲農戶一副業養鷄一事則極少數豚及鷄因水災匪害關係過量減少目下正廣爲繁殖中

（一）農業

本縣耕地面積　二千九百四十五方里

耕種垧數　六五・三八八垧

既墾地垧數　一一〇・一八三垧二分

農業戶數　本縣全境　二萬一千八百一十三戶

務農人數　本縣全境　四萬八千一百二十五名

自種地佃種地別耕地面積

本縣自種地面積　一千九百五十五方里

本縣佃種地面積　九百九十方里

農産物每年收穫數

大豆	九〇・〇〇〇石
高粱	五九・五〇〇石
包米	一〇五・〇〇〇石
粟	四五・〇〇〇石
小麥	三・七五〇石
大麥	一・〇〇〇石

水稻　八・一八〇石

其他

干草　二三・〇〇〇・〇〇〇斤

薪材　一〇・〇〇〇丈

木炭　一・〇〇〇・〇〇〇斤

煤　一〇〇・〇〇〇斤

生野菜　一・〇〇〇・〇〇〇斤

家畜

本縣家畜及家禽數

馬　四・四五四頭

騾　一・四五三頭

驢　二二四頭

牛　二・一七七頭

羊　一〇二頭

豚　七八・七〇五頭

鷄　三・六五四頭

屠畜數

延壽縣城、嘉信鎮、興隆鎮、龍宮鎮、平安鎮、中和鎮每月各約屠猪七頭每年須宰猪二千五百二十頭云

延壽縣城内每年約須屠牛二百一十頭

二、林業

去年十一月間將參考資料被紅槍會匪焚燒調査資料甚少

縣内之森林地帶極多各林區幾均經百年故樹木甚多其主要者為松楡之類

次表列記延壽縣森林面積及長成之蓄積量

	森林面積	長成蓄積量
石頭河	一一〇方里	三・五六四・〇〇〇
大溝	三〇	九七二・〇〇〇
西方台	五〇	一・六二〇・〇〇〇
四合頂子	一二〇	三・八八八・〇〇〇
烏珠密河	二〇	六四八・〇〇〇
文帳頂子	四〇	一・二九六・〇〇〇
玉泉山	一五〇	四・八六〇・〇〇〇

石銘河	六〇	一・九四四・〇〇〇
合計	五八〇	一八・七九二・〇〇〇

(三)商業

一般狀況

事變後因胡匪擾亂衰微已甚自本年而後城內業漸次恢復十分之七至縣城外各地仍未見繁盛

商號種別數(縣城)

雜貨商	二五
糧商	七
飯館	二〇
皮商	五
木商	四
鞋舖	四
藥商	六
鐵商	五
印刷業	三
理髮業	八

染房　二
成衣舖　九
洋鐵業　三
攤床　三五

大同元年度本縣之貿易額
輸入　國幣　七三二・二三六元
輸出　國幣　一〇六〇・六五四元
以上輸出品中之主要物品爲大豆、豆餅、禾料、小麥、稻米等
以上輸入品中之主要物品爲綿布、砂糖、火油、麵粉、雜貨等

本縣之物品價格如次表

品名	品名釋意	數量	民國十九年三月	民國二十年三月	大同元年三月
白酒	本地燒鍋製造	一斤	元 ・二二	元 ・二〇	元 ・一八
老酒	本城酒局製造	一斤	・二〇	・二〇	・二〇
麥酒	三號	一甫子三十斤	三・四〇	三・二〇	三・七〇
豆油	本地自造	一斤	・二二	・二〇	・一八

豆餅	本地自造	一塊	.六〇	.五〇	.三〇
鷄卵	農民家畜	一〇個	.三〇	.二五	.二〇
木柴	農民由山運售	一丈	八.〇〇	七.〇〇	五.〇〇
綿布	外運尺布每件四十疋	一疋	五.〇〇	五.五〇	四.八〇
花其布	交珠	一疋	二三.〇〇	二〇.〇〇	二一.〇〇
坎布		一疋	二五.〇〇	二三.〇〇	二一.〇〇
西花	棉花	一斤	一.五〇	一.〇〇	.九〇
葦蓆	丈二	一領	二.五〇	二.二〇	一.八〇
砂糖	青皮糖	一斤	.二三	.二四	.二八

四、工業

延壽縣無大資本組織之工業

本縣工場計有二百三十一處從業者約四百名

至本縣工業之生産額合計二十五萬四千一百元工場之勞働者合計八百一十八名云

玆將主要工業列擧如次

A. 油坊業

本縣營油坊業者大小合計五十一處玆將主要油坊列擧如左

B. 柞蠶製絲業

名稱	他點	壓搾機數	製餅能力	出油數量	備考
賓雅泉	縣城內	四	一九二枚	三二〇斤	
義盛泉	縣城內	二	九六	一六〇	
信義成	縣城內	四	一九二	三二〇	
福慶油坊	東北門外	二	九六	一六〇	
義增恆油坊	東北門外	二	九六	一六〇	
會升東油坊	縣城內	二	九六	一六〇	
慶巨恆油坊	縣城內	二	九六	一六〇	
福慶油坊	嘉信鎭	一	四八	八〇	
德昌永油坊	嘉信鎭	一	四八	八〇	
天德油坊	嘉信鎭	一	四八	八〇	
復興永油坊	興隆鎭	二	九六	一六〇	
鳳閣油坊	興隆鎭	一	四八	八〇	

C. 棉絲布業

D. 製面粉業

鎮別	製麺舗數	一日用麥數	一日製粉數	一日製麺數
壽城鎮	二九處	二一六斗	六・四八〇斤	一・七二八斤
嘉信鎮	一二	四八	一・四四〇	三八四
興隆鎮	七	二八	八四〇	二二四
龍宮鎮	四	一六	四八〇	一二八
中和鎮	七	二八	八四〇	二二四
平安堡	六	二四	七二〇	一九二

E. 酒精工場

名稱	地點	一日製造能力	經營者
信義成	縣城內	五〇〇	畢文東
慶聚恆	縣城內	五〇〇	張潤田
德昌永	嘉信鎮	五〇〇	張潤田
復興湧	興隆鎮	五〇〇	王萃峰
福慶居	縣城	二〇〇	祖超凡

五、鑛業

本縣概係山岳地帶僅可採掘少數煤鑛煤質惡劣至其他鑛產迄今尚無一處

煤之年產額　一・〇〇〇・〇〇〇斤

第七　交通　電報、話

一、交通

本縣概屬山岳地帶已敘於前以至交通不便

（A）道路

縣內之主要道路爲由珠河縣烏吉蜜河沿瑪珽河以至方正縣荒廢已甚然自去年十二月以後續行部份的修築橋梁亦次第架設到下珠河縣境亮珠河至方正之間僅餘兩處尚未及整理治安維持會成立擬着手全部大改修云

由本縣至烏吉密河九十里至方正縣城一百三十里

由縣城沿黃玉河東岸經老西溝至珠河縣一面坡之道路因胡匪紅槍會大刀會等出沒頻常迄今荒廢已極地方住民之往來由縣城至一面坡者僅沿黃玉河西岸（入第三區）經鄭永生入珠河縣之元寶鎮再至一面坡但夏季行人極少多係由烏吉密河乘火車而至一面坡焉

經由老西溝時九十里經由元寶鎮時爲一百二十里

至賓縣經第二區黑龍宮之道路爲二百三十里復有至窰驛九千五鎮之道路由縣城至該鎮爲一百二十里云

延壽縣交通道路整頓計劃要圖（大同二年九月）

延壽縣交通網略圖

大同三年一月調

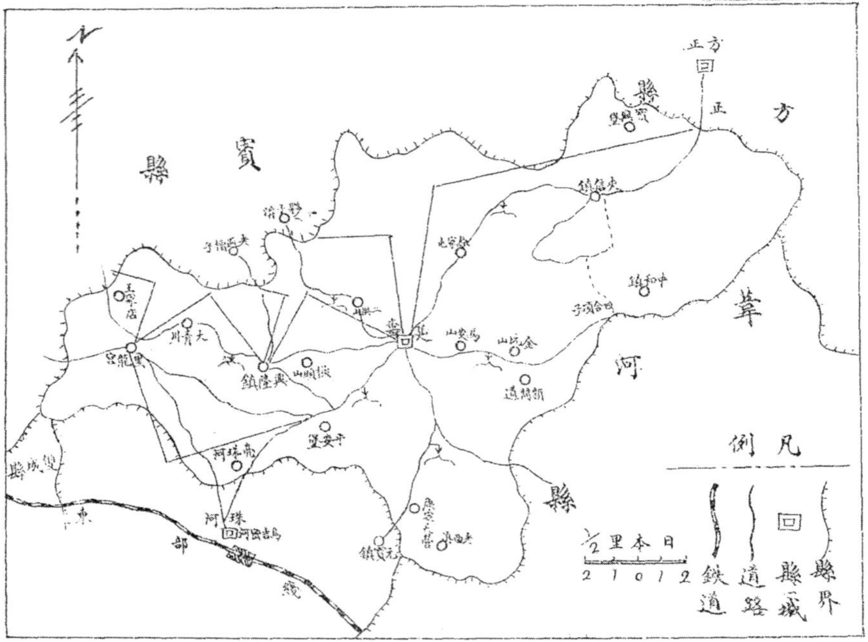

（B）汽車

在每年冬季有方正縣大同公司珠河烏吉密河德隆公司之汽車運行但時屆夏季則完全停止　汽車路如前圖所繪

（C）鐵路

縣境並無鐵路數年前雖有輕便鐵路馬車鐵路之計劃但迄今尚未具體化由現狀觀之仍無實現之可能

（D）船舶

瑪珽河在去年大水災以前河水雖淺猶可容小船運行但迄今則不見一船竟無水利之便矣

二、電報、話

（A）電報

關於電報方面僅設有無綫電報復加以財政困難又因技術幼稚每遇障碍即需多日方能修復實無多大希望刻下電報概由方正局郵送焉

（B）電話

現在本縣之電話網大概堪稱良好如另表惟電杆已舊近有取替之計劃云

備考

一、直線————既設

一、曲線～～～～表示有計劃尚未設電線

一、在牛籤河有新設通信所之計劃但尚未實現

延壽縣通信網略圖

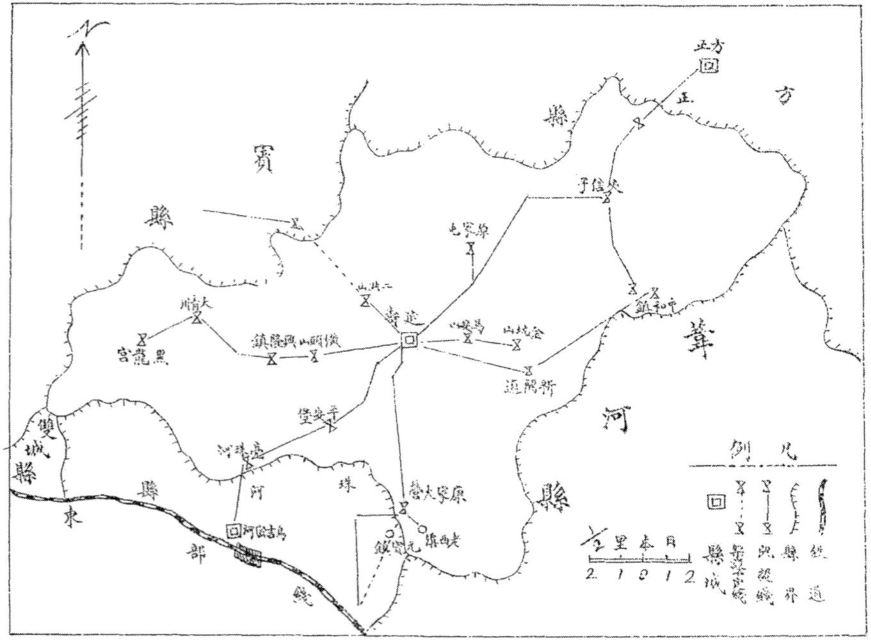

構成計劃如左但迄未着手進行切望迅予動工

電話線路（通信所）	距離	構成區分	着手順序	完成期間	摘要
老西溝（縣内）—一面坡	4K	新設	一次	八月下旬	
黑龍宮（縣内）—賓縣	20K	仝右	仝右	仝右	
延壽—新開道—中和鎮	50K	仝右	仝右	仝右	（六）
牛截河通信所		新設通信所			
珠河—延壽—方正	92K	增補複線	二次	九月下旬	

第八　宗教　教育

一、宗教

各宗派均不甚盛大多數人均稱信任儒教

所屬宗教	所屬派別名稱		數	信者數
基督教	新派	基督教會	一	男女　四四四

天主教	舊派	天主堂	一	男女一六七二
佛教	天台	大佛堂	一	僧人十一名
佛教	禪宗	寺	三	
佛教	眞言	理善勸戒烟酒會	一	
道教	淨心	廟	四	一一八
回教	未詳	清眞寺	一	未詳

二、教育

延壽縣之教育似已相當發達一般人士雖深關心但因事變後地方不安財政窮迫所致遺憾殊多

學校數　二十七　現在開學之學校　二十五

教　員　四十三名　學　生　一千一百七十四名

縣立校　四　區立校　十九　私立校　四

中等教育

現在僅有中學一校仍未開學最近尚無開學希望

社會教育之設施

有教育館一處用供民衆之自由閱覽更計劃設置王道主義普及思想方面具指導目的之民衆學校最近當可見諸實現

日語學校由七月中旬開學非常暢旺學生將超過百名近更計劃設二部制度八月五日已達九十二名仍見逐日增加每日午後六時至七時之一時間其教師由參事官屬官擔任

延壽縣境留學於中國北平者三名

第九　衛生

衛生思想幼稚不講清潔已甚參事官就任以來努力普及衛生思想於市街修理排水溝於室內置唾盂等事云

衛生設施

警務局內置衛生係員直接指導監督民衆衛生事宜

縣內置有縣立診療所中西醫各一人担任一般無費施療並每年舉行施種牛痘私立醫院三處並有朝鮮人經營之同德醫院本縣全體醫生二百二十六名營藥業者七家云

延壽縣似無何種特殊病惟肺病患者較多於他地尤以婦人爲最女子在二十歲上下死亡者較多一般有「爲娘郎死」之諺語當地之肺病有謂因空氣與水之關係然尚無確實調查與研究

第十　結論

由前觀之本縣周圍以方正、葦河、雙城、珠河、賓縣等五縣多森林而少平原交通不便故本縣在去年十一月前胡匪據爲堅固根據地盤縣政由胡匪手中取回之後尚時有胡匪前來擾亂地方治安狀態迄今猶不容樂觀復以產業不振財政窮窘致縣預算收支不克相符然余察本縣情勢今後各方面均有斷然改革之决心相信勿庸悲觀焉首先敷設四通八達之道路第一次招降胡匪如不來降者用軍力討伐俾其四散第二次再將四散少數之胡匪由警察力及自衛團力漸次處分俾民衆相安各就所業農事不必論矣商工鑛業亦當可蒸蒸日上多年寶藏之良材實行採伐以資利用務期本縣之一切不落他縣之後

加之本縣境域環圍五縣如本縣治安恢復縣民得安心從事職業則他縣之治安當從而易於恢復建樹王道樂土當可見諸實現矣

以之謂本縣爲政者之責任既重且大不爲過也

吉林省寧安縣全區境域草圖

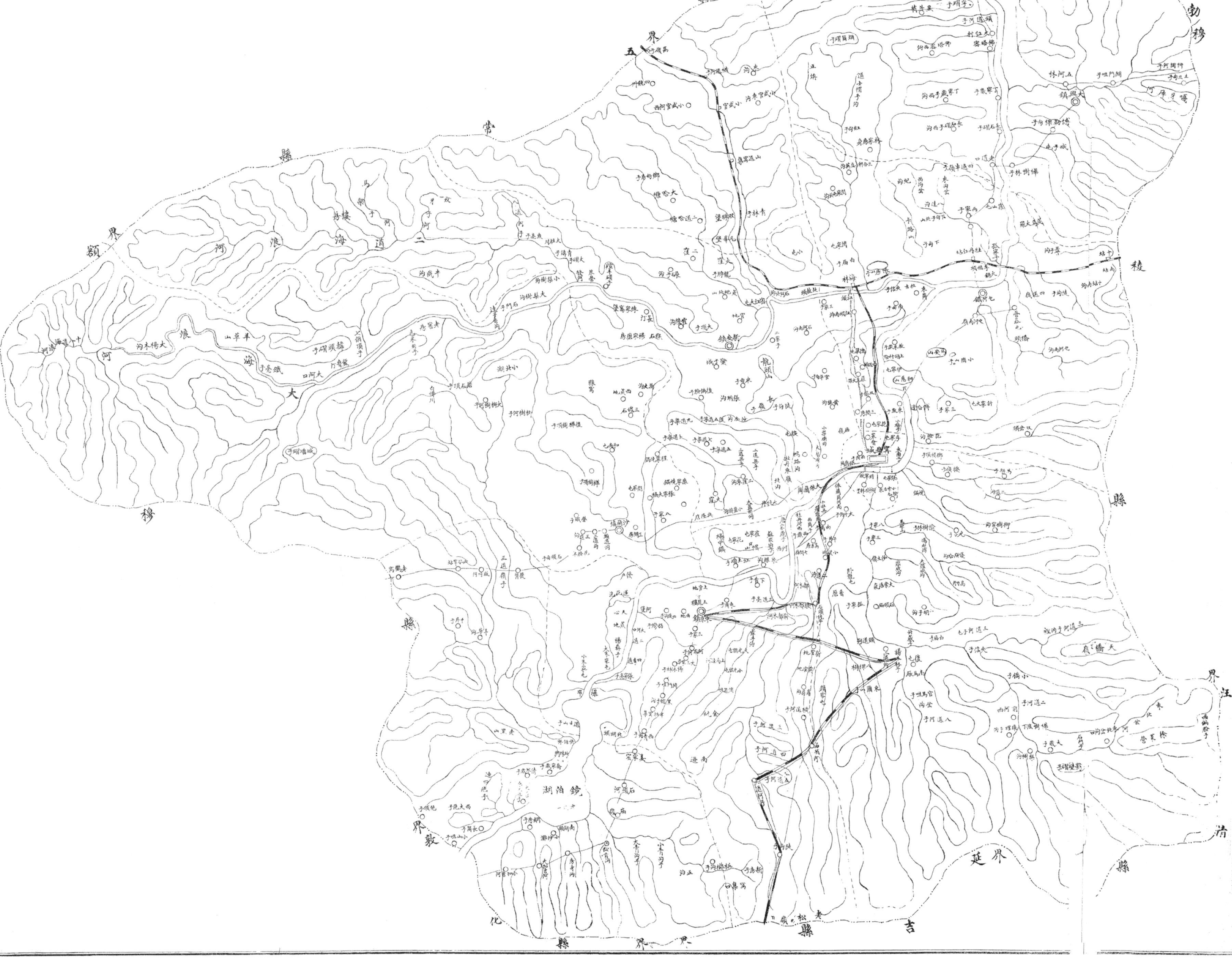

寧安縣城略圖

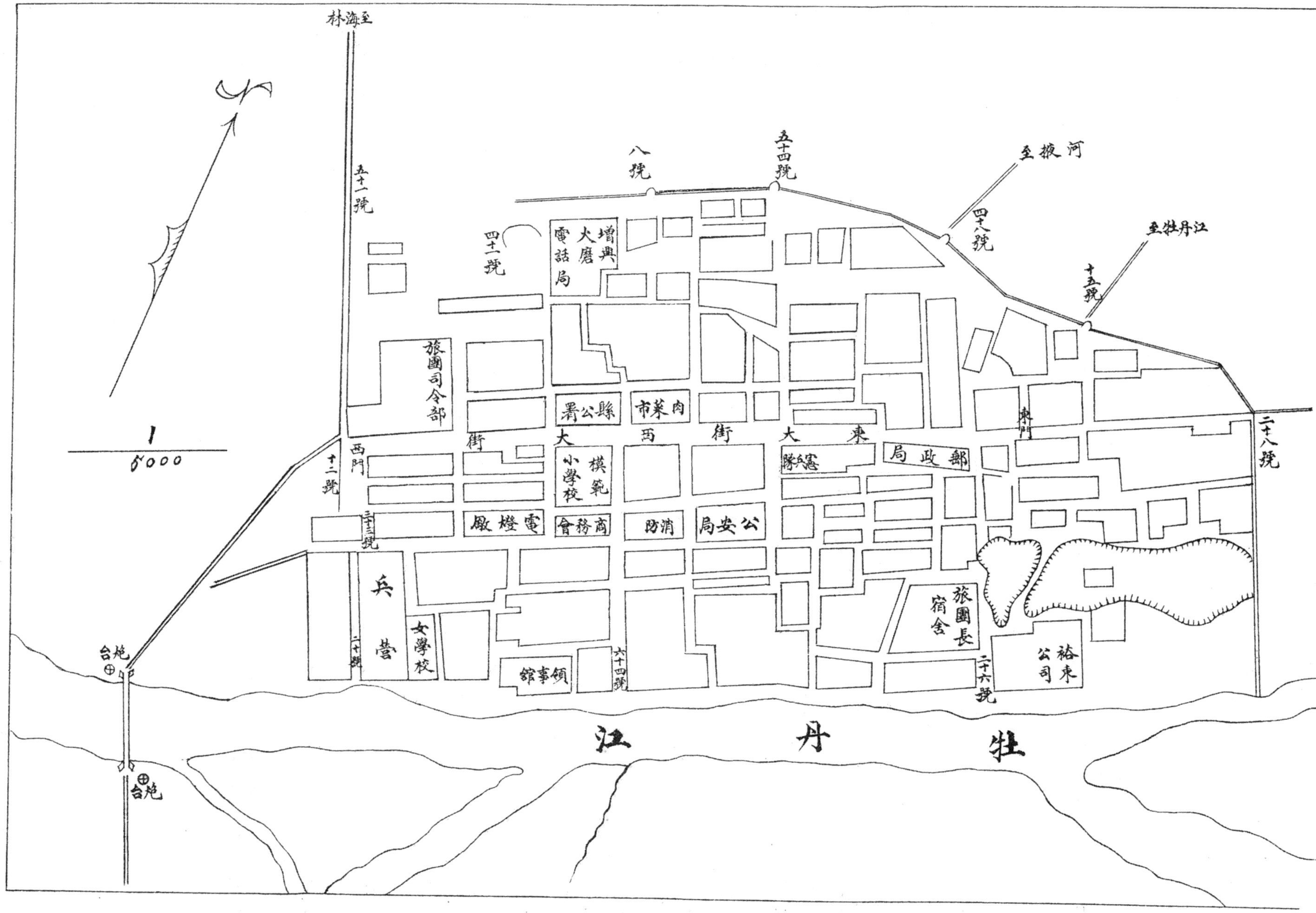
至海林
五十一號
八號
五十四號
至掖河
四十八號
至牡丹江
十五號
四十一號
增興
大磨
電話局
旅團司令部
縣公署
肉菜市
西大街
東大街
東門
西門
十二號
二十八號
郵政局
憲兵隊
模範小學校
電燈廠
商務會
消防
公安局
二十三號
兵營
二十號
女學校
領事館
六十四號
旅團長宿舍
東裕公司
二十六號
牡丹江
炮台
炮台
1/5000

寧安縣

目次

寧安縣

第一　地史

變之歷史難考其詳唐時爲勃海國於當地設龍泉府遼時稱爲天福城金朝時於該地設呼爾哈路萬戶之官衙元時設呼爾哈軍民萬戶府明時稱爲建洲及毛憐並設官衙於此

清朝初葉於當地設昂邦昌京爲吉林省管轄之淸康熙五年間於當地建設今城前古城改稱爲舊街康熙十五年間省府遷移於吉林光緒二十八年將綏芬廳移駐於此地宣統元年改稱爲寧安府及民國二年則改稱爲寧安縣以至於今

第二　位置

寧安縣南位於北緯四十二度二十六分之老松嶺大黑背起北至北緯四十五度零六分之佛搭密溝以北之三道河西位於東經百二十八度五十八分之老嶺起東至東經百三十一度零一分之鬧老嶺脚

第三　地勢

一、山脈

本縣群山環繞南蜿蜒於延吉和龍安圖等縣與長白山支脈相接連縣內最高之山八〇〇米以下者有三十餘山嶺延綿道路崎嶇茲可惜者森林鮮有出產不甚豐富

二、河川

本縣之河川最大者爲牡丹江發源於縣之西北置溝縱貫縣之全境北流入於敦化縣途中經鏡泊湖下流至依蘭縣與松花

江兩合流長凡九百支里支流二十有五流水勢平穩魚產豐富流域各地深淺不均二尺乃至六七尺途中多險阻行舟不便僅縣城附近有舟船往來

三、道路

縣內之北部有北滿鐵路橫貫中央海林站由縣城有六十支里自動車之道路地方物產有自動車運輸之便由縣城南可至東京城、鏡泊湖東岸、湖南、南湖頭、等處自動車尙可通至敦化縣西通至吉林南汪清延吉西北可通至同賓、五常等地然各路崎嶇險阻途中無旅館設置旅者實感不便

第四　氣候

一、概況

本縣之氣候近幾年來夏季多雨冬季雪量減少春秋兩季寒暑適宜一年之中氣候無酷暑酷寒之弊然近年本縣氣候之統計春季風多雨少夏季尙屬適當秋季雨量過多屢屢發生水災冬季降雪較少尙無有嚴寒之弊

第五　面積、人口

一、面積

本縣總面積五百十八萬四千垧爲吉林省第一等縣縣內區別及行政區劃分列於左

耕地面積　二五三、六〇〇垧

荒地面積　一〇〇、七〇〇垧
- 可耕地　七〇、〇〇〇垧
- 不可耕地　三〇、七〇〇垧

山林面積　四、〇〇〇、〇〇〇垧
川河池沼面積　六二二、〇五〇
其　他　二〇七、六五〇
總　計　五、一八四、〇〇〇

二、人口

本縣總人口總計三〇、三〇九戶　一七九、八八〇人
以全縣面積比較人口較他縣爲少
茲將本縣總戶口數及人口數略示如左

總戶口數　三〇、三〇九戶
總人口數　一七九、八八〇人
男　一〇五、四八七人
女　七四、三九三人

職業別
農家　二五、七〇〇戶
商家　二九九戶
工家　一一九戶

其他　四、〇九一戶
總計　三〇、三〇九戶
備考　民國二十年度調查之數其後或有增減再有修正之

本縣各區別戶口及人口數調查表列示如左（大同二年六月二十日調查）

區別＼種別	戶口數	人口數 男子數	人口數 女子數	人口合計數
第一區	四・六四三	一六・〇七九	一〇・三三九	二六・三八八
第二區	四・五五八	一五・三八九	一〇・八二五	二六・二一四
第三區	五・二七九	一八・二七九	一四・三八八	三二・六六七
第四區	四・七一八	一七・四七七	一二・〇二〇	二九・四九七
第五區	五・二七五	一五・一八一	一一・四八七	二六・六六八
第六區	一・六一〇	六・三一九	三・九三〇	一〇・二四九
第七區	三・〇六三	一〇・五六四	八・一八二	一八・七四六
第八區	四三〇	一・一九八	三八八	一・五八六
第九區	一・〇三一	三・六三二	二・五四〇	六・一七二
第十區				

合計	三〇・三〇九	一〇四・一一三	七四・三九三	一七九・八八〇

本縣內外國人戶口及人口數表列左

項別／國別	戶口	人口數 男子數	人口數 女子數	人口合計數
日本人	一二〇			二六〇
朝鮮人	七二一	二・〇七九	一・八八三	三・九六二
俄國人	九一			三一七
葡萄國人	一			三
合計	九三三			四・五四二

備考　俄國人全部均居住於東省特別區

第六　行政

一、縣內各官廳

縣城內縣公署及其他各機關各各執掌其事務各機關及其所屬各官廳如左

縣公署（省公署）　公共團體各名稱

郵政局（交通部）　寧安縣農務會

　　　　　　　　　〃　商務會

電報局（〃）　〃　敎育會

稅捐局（財政部）　〃　電話局

一、縣公署

省公署所屬之縣公署掌管縣內一般行政地方行政劃爲九區縣公署內設左列各科局處隊等分擔縣內行政事務

縣公署組織表列左

縣公署
- 第一科
- 第二科
- 警務局
- 敎育局
- 實業局
- 財務處
- 保安隊

本縣之概況自事變後地方之公用經費感覺缺乏一切行政機關均陷於停頓狀態及日滿軍入縣討匪後地方秩序及縣行政始漸次恢復而向前發展

二、財政

本縣之地方財政本年掌理稅務較爲圓滑稅收入欵項及其徵稅額亦相當潤澤以大同元年七月間地方治安紊亂之狀態徵稅已爲不可能縣政則陷於停頓狀態亦如今日市街地以外施政不可能之特異性如挽回昔日之施政亦需相當之經費以現在縣內財政觀之則無久遠之希望然警務局如能確恢復後整備警察之機能督備今後稅捐之收入實爲當務之急現在關於警察警備費及其一定期間之存續費擬出方法正現正研究中如縣內治安恢復後寧安城內、東京城、海林、牡丹江等地之稅捐收入或稍有可能性近時地方民心之搖動亦稍爲平靜渴望王道之施行然本年三月間新學期開學之際前記四班開校之費用無處籌劃一時陷於困難之狀況後自清鄉委員會行政補助費內提出經費始得開校縣內財政已陷可憐之狀態矣

現在縣內諸機關已經復活自需多數經費然縣內每月之稅捐收入寥寥尙要維持現狀縣當局者之留意則以多大之苦心辦理焉

歲出入

縣財政由地方財務處徵收縣地方稅一部分由省公署支領之

大同元年度之收支豫算總額列示如左

大同元年度收入豫算額	二四八、八四四、〇〇元
壜捐	二・六八一・〇〇
營業附加稅	七〇・〇〇〇・〇〇

糧捐	一三〇・一八九・〇〇元
車捐	八・〇〇六・〇〇
妓捐	一・九五五・〇〇
屠宰捐	二・九二五・〇〇
學房地租	二・七九六・〇〇
補助費及其他	二三・七一二・〇〇
木捐土產捐	一・一五六・〇〇
攤床捐	五九二・〇〇
店捐	五五六・〇〇
自治款	二・〇八八・〇〇
提成	一・六七九・〇〇
罰金	二七五・〇〇
水警捐	二三四・〇〇
支出預算額	三四〇・四二二・〇〇
公安局	九一・八二九・〇〇
保衛團	一二七・九〇〇・〇〇

敎育局	三五・四四九・〇〇元
實業局	四・七三二・〇〇
財務處	二五・五二四・〇〇
農事試驗場	七・一八〇・〇〇
農會	二・四〇〇・〇〇
敎育會	一・八六〇・〇〇
自治會	一〇・五七二・〇〇
救濟院及其他	七・二四六・〇〇
保衛團提解	六・〇〇〇・〇〇
其他	一九・七三〇・〇〇

如前述大同元年度收支預算總額已呈報吉林省公署會計科經收支決算審定似有可行茲因匪害災害徵收雖陷於不可能然於事實上收支決算當相當有餘寧安縣大同元年度地方稅實收入總額尙不足十五萬元之譜

今將大同二年度一個月支出經常費略示如左

警務局	四・二五八・六〇元
縣城警察隊	二・七二八・〇〇

東京城警察隊及警察游擊隊	四・四四三・〇〇
教育局	一五四・〇〇
實業局	一九一・七〇
財務處	一・四二六・四〇
教育會	九二・四〇
農會	一五四・〇〇
合計	一九・二四八・三〇

三　租稅徵收方法

租稅分爲國家稅地方稅兩種國家稅由財政部直轄之稅捐局徵收之地方稅由縣地方財務處徵收之徵收之款額充當縣支出經費稅捐局及地方財務處均於縣內各地設置分卡用以徵收遠隔地之稅捐

今將國家稅及地方稅之稅目並大同元年度徵收之成績列示如左

國家稅

寧安縣稅捐局大同元年度經徵稅費表

一、比額內

賣錢營業稅	一四・二五六・七〇
錢店當純利營業稅	四二・三五

攤床牌照營業税	五・五二九・五五
當税	一七六・九三
牙帖税	二〇〇・〇〇
秤帖税	一二三・〇八
牲畜税	一・四四七・四九
牲畜税五厘雜欵	四四・二八
山貨税	五二三・六五
海菜税	一〇・一六
土產税	一・一五八・〇四
皮張税	三〇七・〇三
木税	三・二二
木植費税	二・五八
山分	一・九三
木炭税	三五一・一〇
買主米谷税	三六・六五一・八六
賣主米谷税	三六・六五一・八六

斗税	一八・三七七・五四
產銷税五厘雜款	一一七・八九
黃菸税	五六・〇九
白酒税	五・九七〇・四六
雜酒簽封税	一二・〇〇
菸酒税五厘雜款	三〇一・三二
屠宰税	四〇四・〇〇
屠宰税五厘雜款	二〇・二四
合計	一二二・七四一・三六

二、比額外

營業憑證費	八〇
二分票費	三〇六・六五
秤帖手數料	七・三八
牙帖費	二・七七
黃菸税二成補助費	一一・二二

黄菸費二成補助費	一三・四八
菸類牌照費	三五三・八四
菸牌照税二成補助費	七〇・七七
照費	三・一八
筒課	二・二六九・二三
燒商造酒執照費	一一一・五四
燒商換照手數料	二・二三
酒税二成補助費	一・一九六・五〇
白酒費	二・五五八・七七
雜酒簽封費	一二・〇〇
酒費二成補助費	五一四・一六
酒類牌照費	六一二・三〇
酒牌二成補助費	一二二・四七
票照費	四三・〇五
驗單費	三一

普通印花稅	二・四九八・二五
雙喜印花稅	一六一・九二
婚書費	四〇〇・三一
印花罰金	八五・〇〇
二分票費	五四
麥粉統稅	九〇〇・〇〇
麥粉運照費	一五
麥粉分運照費	〇五
黃菸費	六七・三一
合計	一二・三二六・一九
總計	一三五・〇六七・五五
比額數	二一三・八六七・〇〇
徵收數	一二二・七四一・三六
短徵數	九一・一二五・六四
短徵成績	四成以上

國稅中之田賦及契稅由縣公署內田賦處並契稅處徵收之其徵收狀況如左

田賦（每垧徵吉大洋四角）

十二月份	二六一・一六〇元
二月份	九九八・二一二
三月份	一・一一二・〇〇〇
四月份	四一九・〇九二
五月份	六二五・一六八
六月份	一四五・七一六
合計	三・五六一・三二八

契稅（每百元徵吉大洋六元）

十二月份	二七・四一〇
二月份	二六八・二四〇
三月份	六五四・一二〇
四月份	四三〇・三四〇
五月份	三三七・一六〇
六月份	一・一九四・五八〇
合計	二・九一一・八五〇

地方稅

本縣於事變前稅收入吉大洋四十五萬元自事變勃發以來因賊匪之跳梁稅收入甚爲減少大同元年度稅收入總額僅國幣十四萬九千八百九十六元之譜

本縣地方稅目及稅率列示於左

寧安縣地方捐目及捐率

捐目	捐率
粮捐	賣欵中徵收百分之二
垧捐	每垧年收吉洋五角四分
稻米捐	賣欵中徵收百分之二
營業附加稅	賣欵中徵收百分之一（商務會代爲徵收之）
妓捐	妓館捐月收吉洋二元 三等妓女 〃 二元 四等妓女 〃 一元
屠捐	屠猪 一口吉洋五角 角羊 一頭 〃 二元 元羊 一隻 〃 六角
店捐	旅客一名每一宿收銅字一枚

車牌捐　（一套馬　吉洋一元
　　　　　二套至五套馬　〃一元五角
　　　　　五套至八套馬　〃二元

戲捐

營業車捐　每車一輛月收吉洋一元

水警捐　風船載量每萬觔收吉洋二角

學產房地租　（房每間月收五・六百吊
　　　　　　不等地每垧年收七・八百吊

土產捐　賣款中收百分之三

攤床捐　每床每月收吉洋二・三角

汽車捐　每輛每月收吉洋十元

自治地皮租　每月按戶數收吉洋二、三百吊

大同元年度本縣地方稅收入狀況列示如左

大同元年七月	國幣	五，六五八・九六元
八月		二・〇三四・六六
九月		八・四一四・三〇
十月		一八・六二七・八六

十一月	二一・九七八・八〇
十二月	二一・一一九・二八
大同二年一月	一七・六一七・一八
二月	三五・二一〇・四一
三月	一一・三八六・四一
四月	七・三一五・八一
五月	六・三三一・五六
六月	四・一八九・四六
總計	一四九・八九六・六九

第七　警備

一　治安

本縣自前年(民國二十年)滿洲事變以來地方財政非常窮迫縣內警備實無法維持事變前縣內公安隊千四百名並保衞團外尙有吉林軍第二十一旅等維持縣內治安現在僅警務局員警察隊警察游擊隊等七、八百名維持縣內治安事變前全縣分爲九警察區設置九個警察署現在僅設三個警察署治安維持會爲復活縣財政計劃將來漸次增設警備機關

二　警備機關

今將本縣內警備各機關列示如左

軍隊

一、日本軍隊

爲守備寗安縣日本軍大隊長率若干部隊常駐於縣城內現在海林掖河三台子上馬連河均各常駐一部隊擔任守備事務

二、滿洲國軍隊

吉林軍第十六團第二營駐於橫道河子擔任守備鐵道事務

警務局

一、警察署

縣內軍變前共分爲九區每一區設一警察署現在全縣內設有三處警察署

		人員	小槍	彈藥	委員
第一警察署	寗安縣城	一七三	六四	六・二三五	普通
第三警察署	東京城	一五	—	—	”
第五警察署	掖河鎮	一三	一五	三二二	”
第一分駐所	海林	八	八	四〇〇	”

二、警察隊

本年八月一日以前之縣保安隊改編爲警察隊受警務局統一管理之下

人員　槍械　馬匹

警察第一大隊	寧安縣城	一七三	一六九	三〇
警察第二大隊	東京城	二〇〇	二〇〇	一一
警察游擊隊		一八〇	一八〇	二

警察游擊隊本年四月新改編爲寧安縣臨時警察游擊隊以其中二百名於五月中旬編成爲東京城保安隊其餘一百名即舊東京城保安隊員於本年五月八日叛亂與胡匪相合併內中含有舊保安隊員八百名總共百八十名從新編成寧安縣警察游擊隊分兩個中隊隊長由東京城警察隊長兼任之

三、保安步隊保安騎隊

	人員	馬匹	槍械	彈藥
保安步隊	五四		一九	二・三八〇
保安騎隊	三四	三一	二一	二・四二三

保安步隊及保安騎隊均屬於警務局管轄之常駐於縣公署內担任縣公署直接警衛事宜保安步隊設置於縣公署內担任縣監獄看守事宜

四、人員

警務局	三一七名
警察隊	三七三名
警察游擊隊	一八〇名

計　八七〇名

五、經費

警務局內管轄各機關每月間經常費略示如左

警務局（內含警察署）	國幣	四・二五八元・六〇
警察隊		
第一警察隊		二・七二八元・〇〇
東京城及警察游擊隊		四・四四三・〇〇
計		一一・四二九・六〇

其他警察隊討伐費每月約需國幣五、六、百元之譜

六、自衛團

爲恢復縣內治安並施行實地工作計畫現有職業之壯丁組織本自衛團

今將縣內自衛團組織列左

所在地	人員	槍械數
東園子	一七	無
克善鄉	三二	三二
將軍墳	三〇	無

寧安縣

石園子	三〇	九
自安鄉	一八	二〇
驛達溝	二二	二二
備荷溝屯	二〇	二〇
東京城	八〇	不詳
西楡樹林子屯	二〇	四〇
楊床子溝屯	二〇	二〇
石河屯	六〇	六〇
密江屯	二〇	二〇
密江西威子屯	二〇	二〇
東舊街屯	三〇	一五
海浪屯	三〇	三〇
舊街屯	四〇	四〇
北康鄉	三〇	不詳
石河	六五	,,
務木鄉	三四	,,

楊麻溝	二〇	二〇
依蘭崗	一〇〇	不詳
掖河	二五	二六
鐵嶺河	二〇	二〇
海林	五〇	四八
范家屯	二〇	二〇
五河林	三八〇	三八〇
沙蘭鎮	六〇	不詳
沙蘭鎮西鄉	四〇〇	四〇〇（木柄鐵頭扎鎗向稱爲黑槍會）
橫道河子	八	不詳

第八　產業

本縣自去歲大同元年春季救國義勇軍蟠踞以來四鄉充滿賊匪擾害掠奪爲害甚矩及至夏季又發生虫災水災雹災等各農產物之種植垧數僅十一萬餘垧收穫數較前年減收十分之三、四四鄉家畜爲胡匪掠奪數馬九千餘匹牛六千餘頭猪六萬餘口鷄十五萬餘支之譜

工鑛商等以前較他縣爲繁盛然自事變後因賊匪之擾害及水災等各種亦受極大之損失近頃縣內治安漸次恢復各種營業亦現恢復舊有之狀態

一、農業

本縣以農業爲主要出產耕種地有二十五萬三千六百餘垧尚有可能耕地約七萬垧然自去歲事變以來胡匪之擾害及水災虫災雹災等故本年（大同元年）度農產物如大豆高粱粟麥等主要生產物非常減收本年度農產物收穫額略示如左

本年度普通農物調查表（大同元年度）

種別＼項目	種植垧數	收穫總數量	每垧收穫
大豆	三〇・〇〇〇垧	四五・〇〇〇	一・五
小豆	一・五〇〇	一・五〇〇	一・〇
吉豆	七〇〇	七〇〇	一・〇
其他豆類	一・〇〇〇	一・〇〇〇	一・〇
高粱	一〇・〇〇〇	二〇・〇〇〇	二・〇
粟	二〇・〇〇〇	四〇・〇〇〇	二・〇
玉蜀黍	一〇・〇〇〇	三〇・〇〇〇	三・〇
小麥	二八・〇〇〇	二八・〇〇〇	一・〇
大麥	三・〇〇〇	四・〇〇〇	一・五
玲璫麥	三〇〇	三〇〇	一・〇

糜子	五〇〇	五〇〇	一・〇
稗子	三〇〇	三〇〇	一・〇
蕎麥	一・〇〇〇	一・〇〇〇	一・〇
水稻	三・〇〇〇	九・〇〇〇	三・〇
陸稻	二〇〇	三〇〇	一・五
雜糧	二・〇〇〇	二・〇〇〇	一・〇
計	一二一・五〇〇	一八三・六〇〇	一・六

本年度特別農產物調査表（大同元年度）

種別	種植晌數	收穫總量數
菸葉	五〇〇晌	五〇・〇〇〇斤
綿麻	三〇〇	一五・〇〇〇
菁麻	一五〇	七・五〇〇
芝麻	一〇〇	五〇石
瓜子	一〇〇	一〇・〇〇〇斤
棉花	無	

蓖麻　無

落花生　無

家畜之部

家畜之種類有牛馬羊豚等耕種時助人力之不足或挽車於冬季運輸貨物或供人食肉之用

家畜種類及數目表如左

種類／項別	數目	每頭價值	每年生產數目	每年宰殺數目	每年死亡數目
牛	九・〇〇〇頭	八五元	二・五〇〇頭	一・二〇〇頭	五五〇頭
馬	一一・〇〇〇匹	八〇元	三・〇〇〇匹	無	五〇〇匹
羊	一一・五〇〇支	一〇・五元	一・五〇〇支	一・一〇〇支	二〇〇支
豚	七五・〇〇〇口	九・五元	四五・〇〇〇口	五五・〇〇〇口	三・五〇〇口

家禽種類及數目表如左

種類／項別	數目	每隻價值	每年生產數目	每年宰殺數目	每年死亡數目
雞	一八〇・〇〇〇支	二角六分	九五・〇〇〇支	七二・〇〇〇支	四・〇〇〇支
鴨	一二・〇〇〇	三角三分	八・三〇〇	二・〇〇〇	一・〇〇〇
鵝	五〇〇	五角	二〇〇	五〇	六〇

二、林業

本縣農民缺乏一般知識不知各種樹本培養之方法近年四鄉開墾平原作爲耕種地各村屯尙有十餘種天然木材不知植林之方法蓋均燃料之用

本縣之林場共有三千六百二十方里主要生產材木如松樺柞楊榆等林區每方里價值僅二十元左右之譜

本縣之木材多爲北滿材其中尙有牡丹江材木質堪稱良善然而所謂牡丹江材中尙有本縣之花臉溝及三道河子產出之木材其中最良之木材多遠由額穆縣境或鏡泊湖岸伐採而來者總而言之北滿材最良者寧古塔以南牡丹江上流各地生產之木材尙焉

本縣海林公司多伐材於山石附近橫道河子磨刀石花臉溝二三道河子額穆縣境鏡泊湖岸牡丹江下流等地

自滿洲事變一二年以來因胡匪擾害之關係林業陷於停頓由民國八年至民國十七八年林業非常興盛當時集於牡丹江及海林站者角材約三萬三千餘棵圓形材約五千棵燃料薪材約三千餘棚於寧安牡丹江木材之價值每磅哈洋四角五分乃至五角價值最高時運至於新京賣價一磅售大洋二元四角每棵重量約有四十磅每磅以七角計算平均生產二萬棵共計五十六萬餘元圓形木材及其他雜項薪材有時突破八十餘元之譜

牡丹江海林站以外產材區如橫道河子磨刀石等方面最盛產材時亦突破百萬元之譜本縣之生產收入額除穀物收入外其次收入資源當屬爲林業然自事變以來因胡匪之橫行伐材事業均陷於停頓僅當地之小把頭與胡立定契約採伐材木僅二百株乃至三百株最多時亦不過一千株之譜

今將本縣所屬森林分類表列示如左

寧安縣森林調查表

林區名稱	距縣城里數	森林面積	每方里種植株數	樹木種類	曾否開採	已開採者每年產額
二道海林河	一〇〇里	七三〇方里	二百餘株	菓松最多杉松次之	前經商人王勛卿領採・現已收回	約三千株
摩琳山	一〇〇	二八〇方里	,,	菓松、杉松、	未開採	無
二道河子	一〇〇	五六〇	,,	,,	經商號志誠公司開採	大小約六千株
二站	一五〇	二〇〇	,,	菓松、杉松、黃花松、赤柏松、	有經木把在縣領臨時照採伐者	約五百株
南湖河	二〇〇	三〇〇	,,	,,	仝	約四百株
二龍山	二〇〇	二〇〇	,,	菓松、杉松、樺木、	未開採	無
松陰溝	二〇〇	三〇〇	,,	菓松、沙松、	經商號森茂公司承領開採	約二千株
二道老爺嶺	三〇〇	二〇〇	,,	,,	未開採	無
石道河子	一〇〇	二五〇	,,	,,	有經木把在縣領臨時照採伐者	約五十株
大小烟筒溝	一〇〇	六〇〇	,,	,,	經商人何祿三等承領採伐	約二千株
		三・六二〇				約一萬四千四百株

三、水產業

本縣之牡丹江海浪河水清浪靜富於水產業平原地方尙有所謂水泡子溜池等湖水則有鏡泊湖每年生產淡水魚爲數甚

多如鯽魚、鯉、鮎、重唇魚、鰲花魚、鈎心魚等鱒魚惟牡丹江產之

鏡泊湖產魚爲最多牡丹江及海浪河次之致於撈魚方法普通則投網撈之惟於冬期結冰後則破冰以種種撈魚之方法撈得之魚爲數甚多產額約十五六萬斤及冬期各地旅行者畢至於此一般雜貨商店前列之魚大者三尺有餘小者有寸餘最小者魚與冰相凍結而販賣之誠寧安之異觀也

冬季撈得之魚因不易腐敗販賣於省內延吉琿春敦化額穆吉林等地或遠運輸於北平方面

魚之種類甚多不拘獲魚多少尚未設法運輸於省外又未研究養魚之方法任其自然生殖將來顧全養魚之方法爲當務之急

鏡泊湖向稱產珍珠之區由烏貝中產出者爲河眞珠清朝時代特指定爲珍奇貢物價值非常昂貴近來生產額亦漸次減少矣

四、工業

本縣之工業雖不甚發達將來亦必有發達之可能寧安縣商業雖比工業視繁盛然以現狀觀之土地之重要性亦日漸隆盛從前油房共有十七家現在則增加至二十家之多火磨(製粉工場)以前共有四處現在尚有三處事變前燒鍋業共有十一家現在僅有六家燒鍋營業此外尚有裕民電燈公司資本金約有十萬元之譜

今將縣城內工業類別表列示如左

寧安縣城工業類別表

類別	工塲數	資本金	年產額	輸出	輸入
火磨增興公司	一	五十萬元哈洋	四•〇四七•四〇〇斤	二•五七〇•〇〇〇斤	一•四七七•四〇〇斤
火磨裕東公司	一	三十二萬元哈洋	三•六五〇•〇〇〇斤	一•八五〇•〇〇〇斤	一•八〇〇•〇〇〇斤
(其他海林地方尚有一處)					
油房	二〇	每家平均六千元哈洋	豆油二四〇•〇〇〇斤 豆餅二二〇•〇〇〇塊	蓋均供給縣內消費	
皮靴廠	四	每家平均一萬元哈洋	(其他牡丹江尚有一處)		
燒鍋	四	每家平均四萬五千元哈洋	(其他東京城尚有一處)		
電燈廠	一	十萬元哈洋			

五、鑛業

本縣之鑛區非常豐富現在尚未有詳細組織及精密之調查將來俟專門家來寧時如有鉅欵投資必能特別發達焉

茲將現在鑛業調查列示如左

寧安縣鑛產調查表

鑛產區別	地點	距縣城里數	曾否報領	曾否開採	現在狀況
金鑛	淺水溝	一•二一〇里	於宣統二年間經商人顧佩關請領	領後當即開採嗣因資本不足未久即行停辦	現在停辦
,,	五虎林	一四〇	於宣統元年經勸業道派員經辦	元年開辦因資本不足停辦	現仍廢棄

,,	二道河子	一二〇	無人報領	有無掘	無人經辦
砂金鑛	盤嶺	五	無	從未開採	,,
金鑛	孝西店前	一六〇	,,	無	,,
金銀鑛	老黑山	一四〇	,,	,,	,,
鐵鑛	南湖頭	二〇〇	,,	,,	,,
煤鑛	欒家溝	七〇	於民國十一年經商人欒文達呈請亦未奉准	,,	,,
,,	花臉溝	四〇	於民國十一年經商人陸容卿報領亦未奉准	,,	,,
,,	五道溝	八〇	無	,,	,,
,,	八道河子	一二〇	,,	,,	,,
,,	缸窰溝	三〇	民國十一年經商人李怡然報領開採	同資本未能集成亦未開採	,,
,,	缸窰溝大屯	二六	民國十一年經商人張榮昌報領	,,	,,
,,	立計尼站	九〇	民國十七年經商人張季苓報領開採	嗣限於資本遂停止終未開採	現仍棄利於地
,,	掖河南溝	六〇	民國十七年經商人伊晏波報領	後因經濟未能集成遂即停止	仍未開採
顏色鑛	天嶺河	一二〇	民國十五年經商人馬協駿報領	因資本未能集成遂即停頓	,,
白土鑛	白土嶺	四〇	外人聞奉請開採	尚未開採	,,

銀鑛	南湖頭	二〇〇	無人報領	,,	,,

六、商業

寧安縣位於吉林省中心之東部哈爾濱綏芬河間通其往來北滿鐵道尙經過縣之腹部交通便利故商業非常繁盛實商賈輻輳之地商業可以發達此其一因也

本縣之特種生產物如麥、大豆等一切農產物非常多以當地產出粮石移於他地販賣之所得之現金充實資本故營業較他縣爲發達此亦當然之理也

寧安縣股份公司及實業調查表

寧安縣城內外商業類別表

商業別	商戶數	商業別	商戶數	商業別	商戶數
雜貨舖	四七	旅店	五七	鏡子舖	三
粮米舖	一三	屠戶舖	一四	鞋舖	五
藥舖	一八	飯館	三二	染房	六
醬房	七	粉房	五	刷書局	二
碾磨房	二一	皮舖	六	床子	二七
豆腐房	七	香房	一	山行店	五

銀匠舖	八	僈首舖	三〇	鮮貨莊	二
黃酒舘	二	鐵爐	一五	切面舖	四
點心舖	二一	估衣	四	木匠舖	五
錫匠舖	一	當舖	五	洋鐵舖	五
糖房	一	醬肉舖	三	鏇舖	三
燒鍋	五	紙房	一	合計	五八一戶

第九　宗教

本縣昔爲渤海國之首都與東京城相接近寧古塔爲淸太祖愛親覺羅之發祥地本縣向爲滿洲文化之發祥地故宗教亦爲之興盛昔時寧安人民深於信仰宗教心以古書之教訓得當地最初之勢力女眞族深信佛教徵求佛像經書等文献時時爲禮拜之擧動　入於唐時本縣之大小寺廟共有十六七處之多及入於淸時寺院廟宇建設尤多現在縣內寺院廟宇多爲當時之遺存者也然自民國以來軍閥之政爭內部之政變昔時偉觀寺院廟宇之高樓大厦年久失修多化爲墟土或邊境存在之破壞寺院多爲兵士之宿舍或爲土民之住宅不但傷失善男信女之信仰信心昔時之偉觀殆化爲泡影良可歎也

本縣信仰宗教者及寺院數目列如左

寺院數及信仰者數類別表

種類	寺院數	信仰者數	摘要

佛教	二	三。〇〇〇人	
基督教	二	一。〇〇〇人	鮮人設立之教會尙有一處
回々教	二	七〇〇人	
在禮教		三。〇〇〇人	

備考　在禮教之教義謹禁煙禁酒

寺院廟宇調查表如左

名稱	所在地	建立時	備考
火神龍王廟	城外西北	康熙四十九年	
山神廟	城內東方	乾隆十一年	現爲保安隊之宿舍
財神廟	,,	康熙四十五年	大同元年被匪燒却
天齊廟	,,	仝　五年	日本軍駐屯所
藥王苗王蟲王廟	,,	仝　五年	
七聖廟	,,	仝　五十四年	
古佛寺	城內東南	乾隆四十五年	現在破壞
彌勒院	城南門外	仝　四年	

觀音閣	城外西方三里	光緒三十一年	現在已破壞
觀音關	城內東北	康熙二十一年	
石佛寺	東京城	金朝時代	
娘女廟	三官	康熙三十一年	
清昭忠祠	城內東方		
清社稷壇	城內西方四里	道光六年	
風雨雷神廟	城外東三里	仝	現在已破壞
關帝廟	縣城附近		共有五處
文昌宮	城內東南	嘉慶二十三年	現在消防隊駐在所
清眞寺	城內		
仝	東京城		

寧安縣之回回敎

據寧安縣清眞敎長白連捷言該縣回回敎於二百八十年前始布敎於此現在信仰回回敎者已達百八十餘戶考本敎之敎義即順天由命保守必然之至理爲根本之敎義信仰回回敎者有種種珍貴之習慣亦根據北京本部敎義指令爲基礎如有毀損信者之體面時則團結一致而攻之雖捨生亦解決此問題本敎殊堪注目者即信者多爲商人農民及學校敎員等鮮有爲官吏者然回回徒以販賣牛爲專有之特殊權所得之利益半爲生活費以半數組織消防隊或爲清眞寺之經費以清眞寺之經費

經營小學校招收信者之兒童而教育之

第十　教育

本縣凡百事業均極進步而教育尤凌駕其他事業之上學校林集實爲吉林東部之學府縣城並有中學校高等女學校之設立海外留學生又較其他各縣爲多現在留學生總數十五名內有日本留學者十四名美國留學者一名近來縣民求學日多留學者亦漸次增加縣內共有小學校七十一校現在因胡匪之擾害未能全部開學現在開始授課者小學校共有十五校其中於縣城者九校各鄉鎭僅有六校各鄉鎭之學校未能連續開校授課良可歎也

本縣教育經費每月共支出三千八百五十一圓之譜

本縣於事變前鮮人尙於市內及江南旗屯等經營多處學校於民國十九年受支那官憲之壓迫令其停止授課雖一時不得不停止授課然於去歲縣城及新安鎭各學校已漸次恢復開學矣

本縣學生多熱心於運動近來體育尤爲提倡每年於春秋兩季有市內聯合運動之舉各學校之陸上競技成績良好外惟對於庭球排球籠球等競技尤特別熱心研究焉

今將縣內各校開學狀況列示如左

現在未開學者尙有五十六校

班級合計數　五七班

學生總數　一・九五五名（內有中學校學生七五名）

職教員數　九一名

學區及學校名	所在地	現在班數 高級	現在班數 初級	現在各級人數 高級	現在各級人數 初級	職教員數
第一學區縣立中學校	縣城西江沿	二	五	五五	二〇	二四
縣立模範小學校	縣城西南路	六	一〇	一九〇	四五五	二三
第一小學校	縣城東卡子門裡	一	一	一九	二五	五
第二小學校	縣城西關		八		三〇二	一〇
第三小學校	縣北街路		八		三〇六	一〇
第四小學校	縣城東站		三		一二二	三
第五小學校	縣城新街路		二		八六	二
第六小學校	縣城西園子		一		三〇	一
第七小學校	縣城東江沿		二		七七	二
第二學區第十三小學校	張家屯		一		三〇	一
第三學區第一小學校	東京鎮	一	三	三八	九七	七
第六小學校	上馬蓮河		一		四二	一
第四學區第一小學校	沙蘭鎮		一		三二	一

第五學區 第二小學校	七河鎮		一	二九	二九
合計		一〇	四七	三〇二一・六五三	九一

社會敎育

縣城內現有民衆敎育館及民衆學校之設立施行講演實習等方法以敎育一般之民衆

第十一　交通　通信

本縣鐵道交通之便僅有北滿鐵道經過縣境之西方由橫道河子經過海林牡丹江鐵嶺河等十站滿洲式之土馬路以寧安縣城爲中心可通四方之便縣內主要之道路仍以寧安縣城爲中心點有寧穆路寧額路寧敦路寧延路寧海路等道路其外尙有自動車路所謂寧海自動車路是也自寧安縣城可至海林站此路爲寧安長途汽車公司出資修築者全路共長六十支里寬三丈八尺於民國十八年縣內紳商合資呈請縣政府而建築此路現在則爲縣內實業局監修焉

昔日縣城內各商店因運輸貨物及旅客之往復道路之不修感覺種種之困難自此自動車路築成後貨物運輸及旅客之往復實感便利敏速之益此外尙有日本軍於大同元年六月間修築敦化寧安縣城間之自動車路關於地方產業開發上及警備治安上實有一大貢獻焉

吉林寧安間之吉寧長途汽車株式會社每年於冬季以自動車施行往復之運輸最近因胡匪之擾害橋梁均爲燒毀道路亦行破壞該株式會社於去歲大同元年三月已停止營業矣

縣內主要道路如左

(1)寧穆路(縣道)

寧安——鐵嶺河——穆稜　幅寬三丈乃至四丈全長一五八里橋梁共有十餘處可通兩輛大車牛車馬車等

(2)寧額路(省道)

寧安——沙蘭鎮——二站——搭拉站——額穆　幅寬三丈乃至四丈全長二九〇里橋梁共有十三處可通兩輛大車牛車馬車等

(3)寧敦路(縣道)

寧安——鏡泊湖——南湖頭——官地　幅寬三丈乃至四丈全長四〇〇里橋梁共有十一處可通大車牛車馬車並且尚可通日本軍來往之自動車

(4)寧延路(縣道)

寧安——新官屯——瑪瑚里站——薩奇庫——延吉　幅寬三丈乃至四丈全長二七〇里橋梁共有七處可通大車牛車馬車等

(5)寧海路(縣道)

寧安——四道溝——廟嶺——海林幅寬三丈乃至四丈全長六〇里可通大車牛車馬車等

河川

本縣主要之河川有牡丹江、海浪河、蛤螞河、等三河

牡丹江發源於鏡泊湖途中灌溉東京平野及寧安平野經流各地土地非常肥沃流注於依蘭縣之松花江全長凡一千二百

餘里

海浪河發源於東方老爺嶺於海浪河口子與牡丹江合流全長凡四百餘里

蛤蟆河起於八道河子附近經寗安縣城之江南與牡丹江合流全長凡百五十餘里

水運

牡丹江

牡丹江之水量漲時幅寬約有百三十餘丈落時約有百餘丈水漲時深約兩丈餘落時約有九尺餘屬於寗安縣公署管轄之航業組織之帆船行公會每於春季則開始航業事務及冬期停止其航運則爲臨時性質之航業焉可航行帆船之區自河口至牡丹江站間長凡百八十餘里帆船最大者壓水深量一尺八寸身長五丈幅寬一丈四尺高約二尺三寸積載量五萬六千餘斤帆船最小者壓水深量一尺四寸身長三丈幅寬一丈二尺高約一尺九寸積載量二萬八千斤運輸貨物每噸運費二元四角之譜

本縣內爲船業者凡五十戶帆船數共有八十餘隻蓋均爲縣民經營者帆船一日之行程如遇風順水順時一日可航行二百餘支里否者僅航行百三十餘支里沿江一帶多產雜魚本縣之貨物多利用帆船之便由牡丹江站輸入者運輸主要之貨物如小麥、大豆、小豆等地方財務處每月派員赴該地徵收其船稅

海浪河

夏秋兩期河水有漲落水漲時幅寬可增至二倍漲時水深七、八尺落時四、五尺屬於寗安縣公署所管轄帆船可航一百餘里至海林站帆船壓水深一尺五寸身長一丈三尺高約二尺三寸積載四萬餘斤每噸運費哈洋三元

沿河多產珍珠雜魚等地方財務處於海林站設置分卡以徵收船稅焉

蛤蟆河

水漲時深約五尺落時不過二、三尺該河亦屬於寗安縣公署管轄之下沿河多產蛤蟆、魚類等該河不能航行帆船以水運上觀之無多大重要性耳

二、通信

電信

本縣於光緒三十年設電報局於縣城內局長以下十二名組織之可直接通報各地如延吉、海林、吉林等地縣內電線路里程三百六十餘里本縣現在尙未有無線電報之設立

電話

本縣於民國十九年春季始設長途電話局於縣城內局長以下八名組織之於東京城、沙蘭鎭、海林、牡丹江、等地設立分局非幹線支線通話各線如寗穆間、寗東間、寗海間等線電話線全程三百六十餘里致於市內電話於民國十五年一月始成立局長以下四名組織之當時之建設費二萬元之譜現在尙附設增興火磨爲純粹營利性質之營業近來已獲有相當之利益焉

郵政

縣城內設有郵便局於東京城、乜河鎭、沙蘭鎭、新安鎭、等地設立分局辦理郵政事宜

第十二 衞生

本縣一般衛生思想尙未十分發達設置亦未完備寧安與牡丹江相接近市內一切汚物完全排泄於牡丹江內雖無衛生之設置然較其他地尙爲清潔該縣衛生思想雖未普及然從來滿洲人有自然衛生法故無罹病之慮近來日本人增加於縣內未注意於此方面故今夏患傳染病者爲數甚多

縣內本年夏季發生之傳染病如左

天然痘、麻疹　猩紅熱、流行性感冒、赤痢、腸炎等病本縣尙未發生其他特殊病症雖有傳染病之流行亦未較他縣爲激烈

本年六月末警務局調查傳染病患者表列示如左

病名	患者數	死亡者數
腸炎	八	○
天然痘	九	一
猩紅熱	二	一
流行性感冒	三	○
計	二二	二

衛生設備

病院

本縣內病院共有十七處設置均屬簡單對於患病者亦無入院醫治之設備

本年六月末警務局調査寧安市街病院診療所表列示如左

病院及診療所名	所在地	專門科	經營者
助產醫室	西門臉路南	產科、梅毒、淋病、	滿人
海崗醫院	縣署門前	內外兩科、婦科、花柳病科、	鮮人
寧安產科醫院	西關路南	產科、	滿人(女)
大京醫院	東大街路	小兒科、花柳病科、婦人科、	鮮人
同濟醫院	,,	內外兩科、	滿人
同仁醫院	北馬道路西	仝	日人
寧安醫院	中馬道路	仝	鮮人
福民醫院	仝	普通科	滿人

衛生隊

本縣警務局內設有衛生隊用以普及衛生思想並擔任縣城內衛生事宜

飲料水

縣城內所有之飲水井水質多為硬水並含有鹽分不適宜飲用本縣內之飲料水多仰牡丹江之流水一般士民每日以鐵筒擔此水以為飲用對於傳染病之傳播不為不危險故一般人民不飲涼水以防傳染病之播殖焉

第十三 結論

夫寧安縣自設縣治於玆二十有餘年開化尙淺故諸事業尙未十分發達考昔日諸時代或爲首府或視爲主要地已成北滿文化發展之中心地只可惜者交通之不便並處於邊境若與南滿諸大都市相比較雖屬爲劣將來或亦有厚望焉

自民國二十一年脫離中華民國之政權建設大滿洲國以來一般縣民一致協力建設王道樂土之國家正値努力精進時不幸縣內充滿賊匪一時縣政難以施行則陷於困亂之狀態及國軍入縣活躍以來並友邦日本軍之協力討伐平定賊匪再得平和之曙光亦可謂甚矣縣長以下官民人等一致努力治安亦漸次恢復始得復登樂土樂道之途將來如關交通治安完全恢復後開採縣內資源文化產業均見發達爲北滿之主要地本縣殆有厚望焉

附誌

寧安縣居留朝鮮人事情

寧安縣關於朝鮮人事情並無正確調查記錄本調查所得資料多自朝鮮人民會及日本領事館等搜集而得者或綜合來寧避難朝鮮人口述之事實作調查資料實難免多有誤謬望諒之

目次

一、寧安縣朝鮮人之移住史及其分布

朝鮮人移住於縣內距今已有十五年之久當民國七、八年（大正七八年）間朝鮮乘日本統治不備之契機遂喚起朝鮮獨立之運動始移住於北滿各地當時間島地方居住之七、八戶則移住於江南地方同時哈爾濱地方十餘戶之鮮人則移住於橫道河子及海林方面此爲朝鮮人最初移住史也

夫本縣有鏡泊湖之水源地並有牡丹江之灌漑土地潤澤最適宜水田鮮人尤善於經營水田故彼等移住於此者年年增多現在多分布於鏡泊湖附近二道河子附近馬廠地方新安鎭沙蘭店地方海林地方鐵嶺河地方磨刀石方面等全縣水田業多掌於鮮人之手然有少數不逞鮮人各地跋扈致誘中國官憲壓迫鮮農阻止鮮人移住或令其歸還原住地故其間鮮人之移住亦有增減焉

今將現在鮮人居住戶數人口數及其分布地經營水田面積表列示如左

現住地	戶數	人口數	經營水田面積	可經營水田地
寧安市內	四〇	二四〇	一八〇垧	五〇〇垧
寧安近鄉	七〇	四二〇	四〇〇	一・五〇〇
新安鎭地方	三〇〇	一・八〇〇	一・六〇〇	一二・〇〇〇
海林地方	一四〇	八四〇	七〇〇	三・〇〇〇
鐵嶺河地方	一一〇	六六〇	五〇〇	二・〇〇〇
江南地方	一〇〇	六〇〇	九七〇	三・五〇〇

東京城地方	六〇	三六〇	一八〇	不詳
南湖頭附近	七〇	四二〇	五〇〇	一・五〇〇
馬廠附近	六〇	三〇〇	三〇〇	三・五〇〇
橫道河子附近	三〇	一五〇	一五〇	不詳
計	九七〇	五・八二〇	五・四八〇	二三・〇〇〇

但現在寧安市內尚有一・〇〇〇餘名避難民已散布各地右表中戶數及人口數或稍有變動

二、寧安縣內朝鮮人之經濟生活狀況

現在未得詳細之調查據一般鮮農口述者例如鮮農一戶（家族以六人計算）年可收入哈洋三百元即每日以哈洋八角充爲衣食住等生活費然自事變以來賊匪橫行收入尤爲減少又無其他收入之途已陷於難堪之狀態矣現在於寧安避難一・〇〇〇餘名之避難鮮民以自己之收入能維持自己生活者亦不滿半數其餘均以五分爲每日之生活費（朝鮮總督府每日發給其五分食費）幸可維持其生命如將彼等送還原住地亦無所司事遊浪賦閑亦爲相當之問題耳

三、寧安縣朝鮮人之教育

寧安縣朝鮮人之學校均倣朝鮮之普通學校六年制聘請教師三名於數年前寧安海林新安鎮江南等地均開校授課自前年受中國官憲之壓迫不得不停止授課其後關於教育狀況不得詳知也

四、寧安縣朝鮮人之宗教

本縣朝鮮人信仰之宗敎未得詳細調查現在移住於縣內者多信仰基督敎一九一九年（民國八年）秋於縣內設有鮮人基督敎會自京城聘來宣敎師一名現在信仰基督敎者尙不及二十名之譜

海林亦有基督會之設立自滿洲事變後爲不逞鮮人所占據傳稱爲惡思想之宣傳中心地焉

縣內於數年前信仰基督敎者約百名之多以後又稍有增加實數未能詳細調查當時吉林省長以寧安地方如基督敎布敎日多將來難免影響地方大有變動遂指令急速調查驅逐國境外故寧安官憲於民國十餘年間將其完全驅逐於朝鮮之北境其後官憲注意取締現在已不見其影矣

關於以上諸項之資料實乏現在參考之資料又無正確之調查將來搜集確實資料時再爲改訂茲特刊發之

寧安縣

穆稜縣全圖

穆稜縣城圖

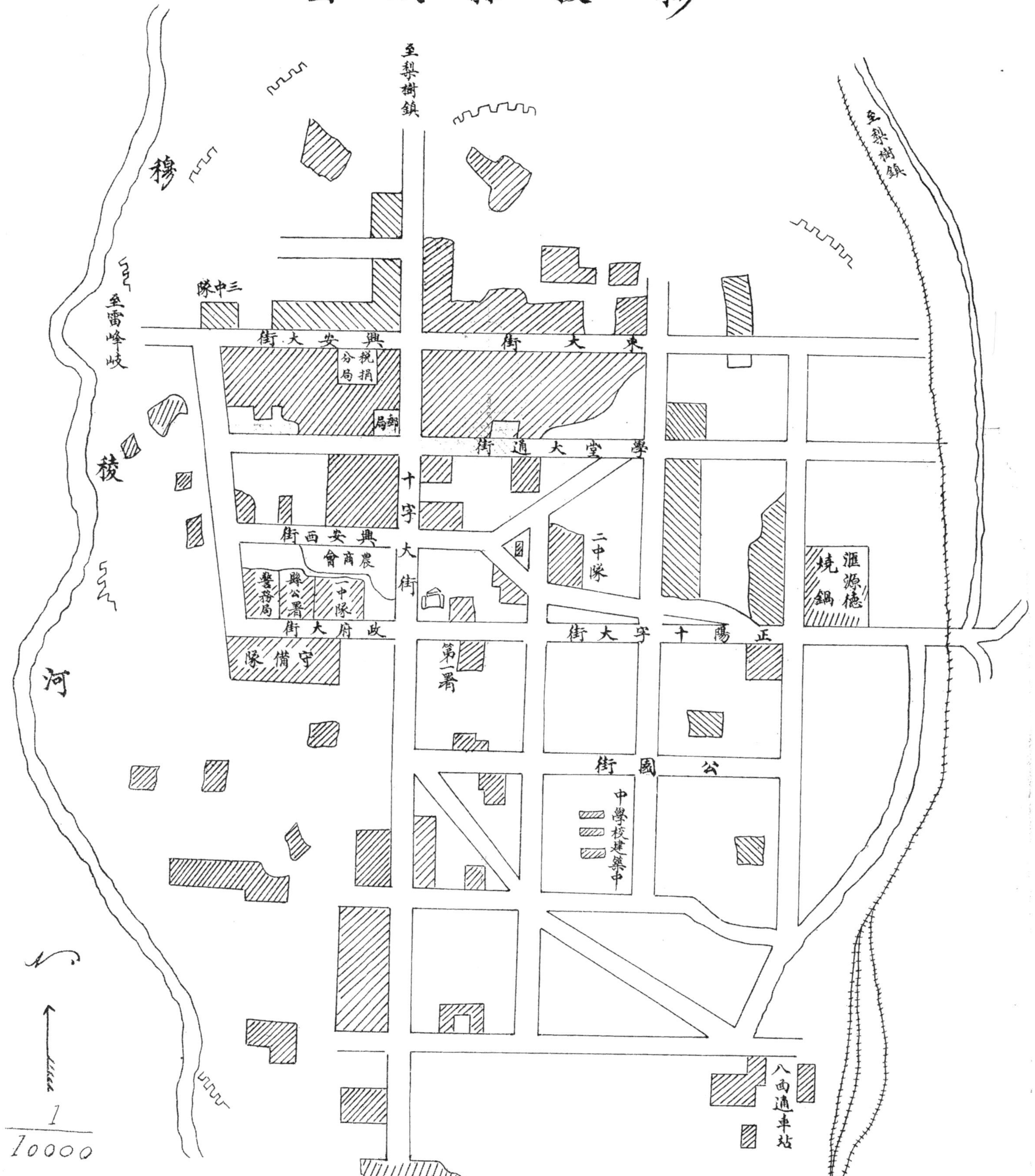
至梨樹鎮
至梨樹鎮
至雷峰岐
穆稜河
三中隊
興安大街
東大街
稅捐分局
郵局
學堂大通街
十字大街
興安西街
農商會
縣公署
警務局
一中隊
二中隊
滙源德燒鍋
政府大街
正陽十字大街
守備隊
第一署
公園街
中學校建築中
八面通車站
1/10000

穆稜縣

目次

穆稜縣

第一　地史

昔金朝時本地稱爲女眞別部金世祖拉必瑪察當時據穆稜水使阿里罕往治此地及明朝稱爲本倫河衞至淸朝時改稱爲穆倫部

淸光緒二十八年設穆稜河知事屬綏芬廳直隸及宣統元年改稱爲穆稜縣行政官廳設於興源鎭民國十九年縣行政官移於八面坡以至於今

第二　位置

本縣位於東經十三度十八分北緯四十四度三十七分距吉林省城東北八百十里

東接密山縣及東寗縣南與東寗及汪淸爲隣西界寗安北與勃利縣爲毗連

縣城位於縣之東北部穆稜河畔

第三　地勢

全縣當長白山之支脈埋於完達山脈穆稜窩集

穆稜河於縣之西南部發源於穆稜窩集貫通縣之南北與猴石溝、馬橋河、白草溝、雷峯岐、淸茶館、亮子河、等諸河合流

該河長凡二百六十里由縣内經過復東北流入滿天星入密山縣境

縣內主要道路可通達隣縣者現在均修築爲馬車道最近將計劃改修爲自動車道沿道各地森林叢立未開發之鑛山甚多

第四 面積 人口

一、面積

本縣全面積 二萬九千二百三十平方里

既耕地 二四二・七四八垧

荒　地 二〇〇〇・〇〇〇垧

- 可耕地 五〇〇・〇〇〇垧
- 不可耕地 一五〇〇・〇〇〇垧

山林面積 五二八平方里

二、人口

全縣戶口 七・九一六戶

人口 四〇・三一六人

- 男子 二四・九六一人
- 女子 一五・三五五人

全縣國際戶口人口調查及縣城內之類別調查表列示如左

國際別 戶口、人口類別表

國別＼項別	戸口數	人口數 男子	人口數 女子	人口總數
滿洲人	七・五九九	二四・〇九七	一四・五九六	三八・六九三
日本人	一	一	一	二
鮮人	二三五	七〇二	六〇一	一・三〇三
俄人	九五	一六一	一五七	三一八
計	七・九一六	二四・九六一	一五・三五五	四〇・三一六

縣城内戸口、人口類別表

國別＼項別	戸口別	人口數 男	人口數 女	人口總數
滿洲人	七三八	二・二七七	一・五八五	三・八六二
日本人	一	一	一	二
朝鮮人	二五	七七	七二	一四九
俄人				
計	七六五	二・三五五	一・六五八	四・〇一三

第五　行政

一、行政組織

自滿洲事變勃發以來由去歲大同元年春季因反吉林軍及自衞團等蟠踞縣內行政機構四離滅裂縣內完全破壞一時呈爲混頓狀態　本年初季滿洲軍及友邦日本軍入縣討伐反軍及兵匪四散逃滅後於是再從新組織縣行政機構

茲將縣行政機構列圖如左

縣長
- 總務科
- 會計科
- 司法科
- 警務局
  - 警察隊
  - 縣公署衞隊
  - 總務股
  - 司法股
  - 行政股
  - 衞生股
    - 第一區警察署
    - 第二區警察署
    - 第三區警察署
    - 第四區警察署
- 教育局
  - 局員
  - 各學校
  - 社會教育館
- 財務局
  - 局員
    - 馬橋河第一分卡
    - 縣　街第二分卡
    - 下城子第三分卡
    - 梨樹鎭第四分卡
    - 興源鎭第五分卡
    - 穆稜站第六分卡
- （地方法團）
  - 商會
  - 農會

二、財政

(1) 一般概況

自去歲大同元年春季以來自衞軍於縣內蟠踞一年之久縣行政機關全部爲彼等所佔領縣內所有貨幣完全入於彼等之手一般縣民所有之金錢均爲彼等所發行之救濟券(軍用票)本年日滿軍入縣討伐後成立淸鄉局當時救濟券禁止使用縣內貨幣一時感覺不足金融受此梗塞現金交易則陷於不可能買賣均行記賬利益無幾匯票及聯名借款又無銀行各商家僅以類匯票方法展行通融並且各商家所有現額無多致於購買新貨感覺種種困難縣內一般縣民困窮狀態實難以筆舌所能盡述者也

如上所述縣內財政如此窮困狀態國庫收入及縣收入與往年相比較尚不及半數縣內財政至此已陷於極端窮困狀態矣

國稅地方稅稅目稅率並本年度地方收入支出預算略示如左

(2) 國稅

國稅由稅捐局徵收徵收之狀況與往昔比較則減少十分之四乃至十分之五

稅目略示如左

賣錢營業稅	石炭捐	粮石捐
山貨捐	土產捐	牧畜捐
菸捐	酒捐	印花捐
麥粉捐	棉捐	水泥統捐

木石捐　屠宰捐

(3) 地方稅

地方稅由警務局徵收之徵收狀況與往年相比較則減少十分之四乃至十分之五

稅目	稅率略示如左
營業稅	按賣價百分之一
糧捐	〃百分之一
妓女捐	一名每月一元乃至二元
攤床捐	一床每月一角乃至二元
旅店捐	客一名一宿一分
商捐	按商家狀況每月三角乃至四元
屠宰捐	牛一頭一元豚一匹三角羊一支二角
木耳捐	按價格百分之五
汽車捐	每月六元乃至十二元
燒商筒捐	每筒每季二十元
皮張捐	按賣價百分之五
厘捐	價格百分之二

木炭捐　價格百分之五

車牌捐　遵吉林全省劃定之章徵收之

田房捐　典當時按價格百分之二賣却時按價格百分之三徵收之

𡑞捐　每𡑞年徵收一元

鑛區協助捐　每月三百元

(4)　本年度地方收入支出預算表

收入預算表(以國幣爲單位)

稅目	收入金額
粮捐	六七・〇〇〇・〇〇〇
營業稅	四二・二四〇・〇〇〇
𡑞捐	一八・四三八・四〇〇
田房捐	四・〇〇〇・〇〇〇
商捐	二・七二〇・〇〇〇
筒捐	一九二・〇〇〇
攤床捐	二・〇八〇・〇〇〇
屠宰捐	七〇八・〇〇〇

木耳捐	三二八・〇〇
皮張捐	四〇〇・〇〇
木炭捐	一六〇・〇〇
旅店捐	六四〇・〇〇
厘捐	二四〇・〇〇
妓女捐	四八〇・〇〇
礦區協助捐	二・八八〇・〇〇
車牌捐	一・六〇〇・〇〇
汽車捐	一六〇・〇〇
學田捐	五三三・六〇
合計	一四五・〇〇〇・〇〇

支出預算表(以國幣爲單位)

機關別	經常費		臨時費	計
	薪餉	辦公費		
警務局	七・八七二・〇〇圓	一・四四〇・〇〇圓	七・五一六・〇〇圓	一六・八二八・〇〇圓
第一區警察署	四・三三四・四〇	二四〇・〇〇		四・五七四・四〇

第二區 警察署	二・九九〇・四〇	二四〇・〇〇		三・二三〇・四〇
第三區 警察署	五・〇六四・〇〇	四八〇・〇〇		五・五四四・〇〇
第四區 警察署	五・五〇五・六〇	三六〇・〇〇		五・八六五・六〇
警察隊大隊本部	四・五六〇・〇〇	八四〇・〇〇	五・三二八・〇〇	一〇・七二八・〇〇
第一中隊	一二・四九四・四〇	二四〇・〇〇		一二・七三四・四〇
第二中隊	一一・八九四・四〇	二四〇・〇〇		一二・一三四・四〇
第三中隊	一二・四九四・四〇	二四〇・〇〇		一二・七三四・四〇
縣公署衛隊	四・〇二〇・〇〇	一八〇・〇〇		四・二〇〇・〇〇
警務局小計	八四・四一五・二〇	四・七四〇・〇〇	一二・八四四・〇〇	一〇一・九九九・二〇
教育局及各校	二六・四二五・〇〇	七・〇五六・〇〇	四八〇・〇〇	三三・九九〇・〇〇
財務局各分局	六・七二〇・〇〇	二・一六〇・〇〇	三・〇〇〇・〇〇	一一・八八〇・〇〇
騎兵隊	一三・一八五・六〇	二四〇・〇〇		一三・四二五・六〇
合計	一一七・五八九・二〇	一三・九五六・〇〇	一六・三二四・〇〇	一四七・八六九・二〇

三、警備機關

(1) 軍隊

日本軍及滿洲國軍爲維持縣內治安分駐縣內各地

日本軍　穆稜站聯隊本部　梨樹鎭大隊本部

八面坡步兵砲隊

吉林警備第一旅　約六〇〇名

分駐梨樹鎭　興源鎭　穆稜站等三處

吉林警備第五旅　約五〇〇名

分駐下城子　馬橋河等二處

(2)　警務局　警察隊

警務局局長以下百六十一名警務局設於縣城內各區設置警察署擔任縣內行政警察事宜

警察隊隊長以下二百八十名遵警務局之指揮分駐縣內各補助行政警察之不足主要事務用以游擊掃匪事宜

此外尙有縣公署衞隊三十餘名擔任縣公署守備事宜

警察機關現在狀況列示如左

穆稜縣警務局並警察隊現在實力狀況表

隊別	人員數	槍械數
警務局	二九	不詳
第一區警察署	三二	一〇

第二區警察署	二〇	不詳
第三區警察署	三七	不詳
第四區警察署	四三	九
警察隊大隊部	一四	不詳
第一中隊	九二	六九
第二中隊	九二	七〇
第三中隊	九二	八六
騎兵隊	九二	三〇
縣公署衛隊	三三	不詳
合計	五七六	

(3) 自衛團

總團丁數四百餘名遵警務局長之指揮分駐各村屯為自衛擔任警備事宜

甲名	牌數	官員數	團丁數	槍械數	備考
第一甲	八	八	一〇一	八三	
第二甲	五	六	一一三	八九	

第三甲	五	四	四五	三一
第四甲	五	六	八三	八一
第七甲	五	五	七〇	六〇
合計	二八	二九	四一三	三四四

產業

一農業

(1)概況

本縣雖多山間僻地及荒蕪地山岳地等然河谷之平地或傾斜地等地質非常肥沃最適宜農業各種出產物有大豆小麥大麥稻子小米包米等

(2)耕地面積

本縣全面積約二九二三〇平方里其中熟地卽每年完納大租稅並實際經過登記手續之可耕地面積約二萬四千餘垧然實際該縣可耕地推想總有十萬垧之譜因原來邊境地方向無正式納稅者自吉林省公署施行升科辦法後雖漸次遵章登記然數百年之舊習慣非一朝一夕所能更改者現在本縣可耕地之統計如前述土地面積略爲增加可耕種土地亦漸次納稅致於縣內未開墾之土地俟治安充分維持後亦量力開墾焉

(3)耕種方法

本縣一般農民仍用舊式方法耕種土地無有利用洋犂耕種者大蓋均使用木犂利用牛馬以代人之勞力

(4) 播種情況

每年之春耕由清明節開始播種至穀雨節則告竣先播種大麥小麥以後順序播種高粱小米豆類等

(5) 耕種地之面積及收穫額數

從來無有正確之統計實際調查頗感困難大同元年之統計因水害匪災等關係全縣熟地面積約二萬五千垧實際可耕種者不過二萬垧左右故農作物亦爲之減少

茲將大同元年度農產物列左

類別	垧數	每垧地收穫額	總收穫數	平均每垧收穫額
大麥	三〇〇	六石	一・八〇〇石	八石
小麥	一・七〇〇	二	三・四〇〇	四
高粱	二・〇〇〇	四	八・〇〇〇	六
小米	二・三〇〇	五	一一・五〇〇	六
包米	二・五〇〇	四	一〇・〇〇〇	六
麻子	二〇〇	三	六〇〇	四
稻子	三〇〇	八	二・四〇〇	一三

小豆	一〇〇	三	三〇〇	四
綠豆	一〇〇	二	二〇〇	三石或四石
大豆	一一・〇〇〇	三	三三・〇〇〇	四石或五石
合計	二〇・五〇〇		七一・二〇〇	

二牧畜業

本縣牧畜業非爲主要生產多飼養耕種使用之牲畜然自反軍入縣以來强奪撲殺耕種之牲畜多被其損害現在農家耕種田地自感牲畜之缺乏

本年三月下旬縣警務局施行調查縣內牲畜數茲因胡匪到處橫行實難以調查確數亦難免有以遺漏茲將縣內牲畜調查表略示如左

類別	原有頭數	匪害損失頭數	現在頭數
牛	二・一一八	一・六〇六	五一二
馬	五・六七二	二・九五四	二・七一八
騾	二三五	一三七	九八
驢	五四八	四一四	一三四
豚	二一・五八五	一六・四八六	五・〇九九

雞	二二・〇二八	一八・五三三	二・六七六
羊	一・五九六	九〇七	六六九

三 林業

本縣穆稜河谷及其支流除少許平原外全縣均爲山岳之地故森林亦甚多近年各地漸次開發同時各鎭及村落附近之森林亦任意亂伐鐵道沿線更難見碧綠之森林該縣除專以伐林爲業之地帶外如步入深谷森林鬱蒼如畫之美林實屬不少惟馬橋河以東以寗山縣境黃窩地秋皮溝頭道老爺嶺青溝嶺等地尙爲有名之林場同益公司前年開放五百六十餘滿里現在屬於地方團體之林場尙有二百餘滿里

樹木之種類多爲果松五葉松魚鱗松臭松等黃花松爲數甚少現在採伐之樹木多爲果松採伐之木材不過供給本縣內之消費因交通之不便輸出感覺困難然可滿足本縣內之需要如穆稜炭坑所用之坑木鐵道用之枕木等大概均爲附近產出之木材如一般住民每日所用之薪材多由附近山林中採伐而使用之

(1) 山貨之種類及產額

山林中特殊出產物稱爲山貨本縣因多山岳地故山貨產出亦屬不少近年人口漸次增加其產額亦爲之頓減僅可供給本縣內之需要輸出外縣者爲數甚寡

主要山貨出產物列左

1. 木　耳　年產額約六萬斤

2 山　參　近年產額較前減少

3. 黃　芪　年產額約一萬斤

4. 鹿　茸　近年產額甚多

5. 毛皮類　狐狸貂等毛皮出產無多

6. 野獸類及野鳥類　雉鴨等地方人民獵鳥者及冬季專以獵雉爲左膳之物野猪熊鹿等蓋均棲息於深山峻谷無有狩獵者

四水產業

本縣處於山間僻地無水產物之生產致魚類等多由浦鹽大連方面輸入然本縣貫通之穆稜河尙有鯽鯉魚鱖等及其他各種魚類之生產以供縣民之食用

五商業

(1) 概況

本縣之商業因有北滿鐵道之貫通故縣之商業較他縣爲繁盛穆稜鐵道之終點梨樹鎭站不獨運輸穆稜之炭鑛密山虎林勃利等三縣之貨物亦集散於此地尙有八面通新開地將來亦漸次發展附近農村之物產均吸收於此實商業物品供給至善之境現在事實上似受梨樹鎭商業界之支配

縣內各鄉鎭均受匪賊之擾害並水災之爲患商業較前略爲停頓及本年日滿軍入境以來地方治安亦漸次恢復各鎭商業亦現活動氣象惟梨樹鎭雖經匪賊之擾害現在已復其舊有狀態

縣內各商戶數及買賣情況略示如左

縣城內　雜貨店及粮米店約二百家　年賣額　一二五・五〇〇元

縣內各鄉鎮　〃　約一二五家　〃　一二〇・〇〇〇元

(2)　梨樹鎮商業狀況

梨樹鎮如前所述之情況實爲本縣最盛之商業地

本鎮最重要商號名及其資本金列示如左

商號名稱	種別	資本金(哈洋)
萬福昌	雜貨糧業	三〇・〇〇〇元
福順德	仝	三〇・〇〇〇
德泰油房	油坊	二〇・〇〇〇
義興泰	雜貨粮業	二〇・〇〇〇
義順成	仝	二〇・〇〇〇
東順泰	仝	一〇・〇〇〇
廣豐源	仝	一〇・〇〇〇
恒泰號	仝	一〇・〇〇〇
東和盛	雜貨	一〇・〇〇〇

永聚昌	仝	一〇・〇〇〇
義合成	雜貨糧業	一・〇〇〇
純興東	仝	一・〇〇〇
敏順盛	仝	一・〇〇〇
先增裕	米麵醬園	一・〇〇〇
于油坊	油坊	一・〇〇〇

梨樹鎮貨物集散狀況調查表

物品名	產地	每年輸入額	每年輸出額	消費地	當地消費額
煤	穆稜煤鑛	三・〇〇〇貨車	三・〇〇〇貨車	北滿一帶	無
大豆	密山　勃利	一・五〇〇貨車	一・五〇〇貨車	浦鹽	無
粳米	,,	一〇〇石	五〇石	本縣各鎮	五〇石
木耳	,,	三〇〇・〇〇〇斤	三〇・〇〇〇斤	哈爾濱　新京	無
豆油	梨樹鎮	二〇〇・〇〇〇斤	二〇〇・〇〇〇斤	本鎮各鎮	一〇〇・〇〇〇斤
燒酒	,,	一〇〇・〇〇〇斤	無	無	一〇〇・〇〇〇斤
布匹	哈爾濱	一五〇匹	二〇〇匹	密山勃利虎林	一四〇匹

棉花	仝	五〇〇疋	三〇〇〇疋	仝	二〇〇疋
橡皮靴	”	一五〇箱	九〇箱	”	六〇箱
白糖	”	七〇〇包	四〇〇包	”	三〇〇包
洋火	”	一・八〇〇箱（毎大箱二四小盒）	一・〇〇〇箱	”	八〇〇箱
冰糖	”	一五〇箱	一〇〇箱	”	五〇箱
紙烟	”	三〇〇箱（毎箱五百支）	二〇〇箱	”	一〇〇箱
紅糖	哈爾濱	二〇〇包	一三〇包	”	七〇包
麵粉	”	一〇火車	六火車	”	四火車
洋油	”	五〇〇桶	三五〇桶	”	一五〇桶
舊新聞紙	”	二〇〇斤	一二〇斤	”	八〇斤
茶葉	”	五〇斤	三〇斤	”	二〇斤
磁器	”	二貨車	一・五貨車	”	〇・五貨車
鐵器	”	五〇梱	三〇梱	”	二〇梱
罐頭	”	二〇箱	一二箱	”	八箱
蘋菓	”	一〇〇箱	六〇箱	”	四〇箱

橘子	,,	一・二〇〇箱	八八〇箱	,,	三二〇箱
玻璃	,,	五〇箱	三二箱	,,	一八箱
鷄子	,,	五〇箱(每箱八〇個)	三二箱	,,	一八箱
麥酒	一面坡 五站	四〇箱	二五箱	,,	一五箱

(3) 密輸入品

本縣與蘇俄領土接近並且官憲不能充分取締由俄境秘密輸入物品實屬不少現在治安行政雖漸恢復未施行徹底調查方法亦難免仍有秘密輸入者密輸品中最爲注意者即由密山縣通過輸入之食鹽槍械火藥阿片等物但自日本軍入縣以來因懼國際關係由俄境輸入之槍械火藥亦漸次減少然國境附近藏匿之匪賊所使用之槍械仍求之於俄國

阿片之秘密運輸多經過虎林饒河密山等縣而輸入本縣本年因途中匪賊之橫行密輸亦感不便多密藏前記各縣現在已陷不能輸出之狀態矣

本縣所消費之食鹽從前多由綏芬河運輸而來每年消費額五十萬斤之譜以前各鎮各地均設有官鹽分銷處許可商人自由販賣當時長春鹽倉派人於梨樹鎮組織緝私隊專以取締密賣私鹽然自本年正式取締機關亦無形停辦關於食鹽一項亦無人干涉一般使用之食鹽多由密山方面秘密輸入品

六　金融及貨幣

本縣爲吉林省胡匪最多之縣治安未平定之地方匪賊之橫行故產業開發較遲致於新式銀行當然無有設置即舊式銀行

亦不過所謂錢舖而已一般農民之金融機關除當舖外無其他金融機關之設置關於地方之金融多操於大商號或大地主之掌握中關於地方金融雖設有穆稜縣地方金融委員會然亦爲地方有力者之獨占一般農民實無利益可享該委員會與地方財務處有極切之關係以前財務處之存款約哈洋二十餘萬元當時貸借地方民去年自衛軍偵知此事將其額之半數充作自衛軍之軍費

該自衛軍又强迫該委員會以貸借地方民之款及財務處之收入作爲擔保發行救濟券(軍用票)其發行總數二十一萬六千餘元本年日滿聯合軍入縣討伐以後縣內設置清鄉局當時即發出佈告該流通券仍然繼續通用惟區別人民所有券與匪賊所有券人民所有券均蓋有通用印限定日期可使用

自衛軍於縣內蟠踞一年之久本縣內所有之貨幣完全入於彼等之手一般人民所有之金錢均爲救濟券矣

清鄉局成立後同時如不准使用縣內甚感貨幣之不足縣內人民亦陷於金融壓迫困難之狀態故救濟券問題之解決實爲刻下當務之急

穆稜縣自衛軍發行金融救濟券之種別及額數如左

薄紙	五元券	四四・五〇〇元
厚紙	五元券	一二二・〇〇〇元
厚紙	一元券	四〇・〇〇〇元
厚紙	五角券	一〇・〇〇〇元

本縣從前通用之貨幣以哈洋官帖爲主體現在買賣貨物仍以哈洋官帖爲本位貨幣之川換率由國定行市爲標準施行兌

換最近國幣漸次普遍通用現在貨物之物價尚未以國幣計算

七　工業

本縣之工業不甚發達僅有幾處工場之設置因匪賊擾害及其他之關係現在均停止營業能否再繼續開設尚在疑問中

1，縣　城　機械油坊一　精米所一

2，馬橋河　火　磨一

3，梨樹鎮　機械油坊一　精米所一　電燈公司一

八　鑛業

本縣內雖有豐富之金鑛煤鑛等因交通之不便治安未能恢復之現況雖有如此富源亦難以入手採掘現在鑛業經營之營業僅梨樹官民合辦之穆稜煤鑛公司其他金鑛煤鑛等以前計劃着手採掘現在蓋均陷於放棄之狀態矣

(1)炭鑛

(A)梨樹鎮(穆稜煤鑛)

縣內僅有穆稜煤鑛一處現在營業亦不甚發達然尚可繼續營業

(B)秋皮溝

縣城東方約八十支里之地方據住民之言傳謂有煤鑛之發現然亦無正確之調查

其他小北溝柳樹河等地亦言傳有煤鑛之發現

(2)金鑛

本縣金鑛出産地如秋皮溝涼水泉子馬橋河小金山碾子溝大城場大哈塘等地秋皮溝涼水泉子兩處金鑛近年産額逐漸減少現在亦行停止矣民國十五年官商合辦之稜川金鑛公司採掘馬橋河一帶地方之金鑛亦因營業之不振一年後將該地置於放棄從新採掘大哈塘碾子溝等地金礦亦終歸於失敗昨春以來匪賊橫行縣境各鑛之採掘亦行停止矣

總觀以上金鑛採掘之歷史致於失敗之原因多因技術之拙劣及經驗方法之不良並匪賊之橫行將來如施行充分細密之調査俟治安確實安定後再加多數之投資將來定有極大之發展也

(3)鐵鑛

本縣白石砬子地方埋藏十分有八之鐵鑛磁鐵鑛亦行發現惟現在未能施行開採

(4)玻璃鑛

(A)馬橋河鑛質豐富現受中央之命令暫爲停止採掘

(B)穆稜站採掘尚未着手

第六　宗教　教育

一、宗教

本縣佛教徒最多基督教徒次之回回教徒亦屬不少惟寺院等無有設置

二、教育

本縣自昨年自衛軍蟠踞以來縣內各學校不得不閉鎖及今年一月間日滿軍入縣討伐以來自衛軍四散逃亡遂成立省清

鄉委員會治安亦漸恢復學校亦逐漸開校現在開校者小學校共有十六校中學亦有一校其他各校因匪賊之擾害校舍均爲破壞或因經費之關係尙在休校中

茲將現在開學各校列示如左

縣內各學校及敎師並學生數（大同二年四月末日）

學校名稱	所在地	級數	敎師數	男學生數	女學生數	合計
縣立第一小學校	興源鎭	五	八	一五〇		一五〇
〃第二小學校	縣城	六	一〇	一八〇		一八〇
〃第三小學校	馬橋河	三	五	九〇	五	九五
〃第四小學校	下城子	三	五	八二	一〇	九二
〃第五小學校						
〃第六小學校	亮子河	二	三	六一	一一	七二
〃第七小學校	梨樹鎭	六	一〇	一九一		一九一
〃第八小學校	向陽屯	一	一	三一	一三	四四
〃第九小學校	保安村	一	一	二八	七	三五
〃第十小學校	紅土山	一	一	二	九	三一

〃第十一小學校	東家亮子	一	一	二〇	八	二八
〃第一女子小學校	興隆鎮	三	五		七六	七六
〃第二女子小學校	馬橋河	一	二		三七	三七
〃第三女子小學校	下城子	一	二		三四	三四
〃第四女子小學校	縣城	三	五		八四	八四
〃第五女子小學校	梨樹鎮	二	三		六九	六九
計 一六		三九	六二	八五五	三六三	一・二一八

關於社會敎育縣城內設立有民衆敎育館

縣內敎育局之組織列示如左

局長一　督學一　敎育局委員二　事務員二　書記三

敎育局經費每月　六一七・〇〇〇圓

小學校經費每月　三・三三八・〇〇〇

民衆敎育館經費每月　一三五・〇〇〇

合計　四・〇九〇・〇〇〇

第八　交通　通信

一、交通

(1)概況

本縣雖屬邊塞之境有北滿鐵路橫貫縣之中央部並穆稜鐵路由下城子至梨樹鎮亦與北滿鐵路相聯絡本縣蒙交通便利之益甚大穆稜鐵路由下城子至梨樹鎮七十五里間之貨物運輸機關無有停止有時甚至延長至勃利密山虎林等縣本縣實爲各縣交通之樞紐由穆稜鐵路之終點梨樹鎮至各縣之道路均有自動車運輸之便梨樹鎮處置於中央其他各縣交通亦爲發達矣及至冬季穆稜河結冰後與穆稜鐵路並行之冰上馬車路各地方亦相當感交通之便利

(2)鐵路

北滿鐵道經過縣內凡二四粁(由磨刀石至細鱗河站間)

穆稜鐵道 ,, 約三十粁(由下城子至梨樹鎮間)

(3)道路

本縣一般道路多不完全馬車大車尚可通行自動車非冬期結冰後通行非常感覺困難現在自動車路只左列線兩本年內始可通行

梨樹鎮——密山 約三〇〇支里

梨樹鎮——勃利 約二四〇支里

現在計劃通行自動車各地如左

八面坡(縣城)——勃利 約一八〇支里(自動車路)

興源鎭——五虎林(寗安縣)——依蘭	約三〇〇支里	自動車路
興源鎭——汪淸	約二五〇支里	,,
興源鎭——東寗	約二六〇支里	,,
興源鎭——寗安	約一四〇支里	,,

以上各道如築成大馬路交通則日漸發達並且沿道各地金鑛煤鑛大森林及農產物不但產量非常豐富將來對於軍事上商業經濟上宜甚感便利

二、通信

(1) 電話

自衞軍於縣內蟠踞期間將電話局完全破壞一切器具全部掠奪而空現在梨樹鎭之電話局僅通密山勃利間縣城內各機關之電話亦漸次設備現在各鎭電話之架設亦積極準備密山梨樹鎭間現在尙有軍事電話之設置

(2) 電報

本縣穆稜站有電報局一處由縣內可通縣內各主要鎭市

(3) 郵便

本縣城內原設有郵局一處本年二月間以前被匪賊之擾害滿洲國之郵票亦未能準備遂停止辦公現在縣內各地郵務事項鐵道附近各地則利用鐵道爲之傳遞其他則以徒步連絡遞郵由梨樹鎭至密山間則利用自動車連絡郵便物

第九　衞生

本縣一般縣民衞生知識非常缺乏對於衞生之設備亦不完全全縣病院共有五處其設備亦非常簡單一般得病者入院醫治者甚鮮縣民蓋均以針灸療法醫治之

東寧縣全圖

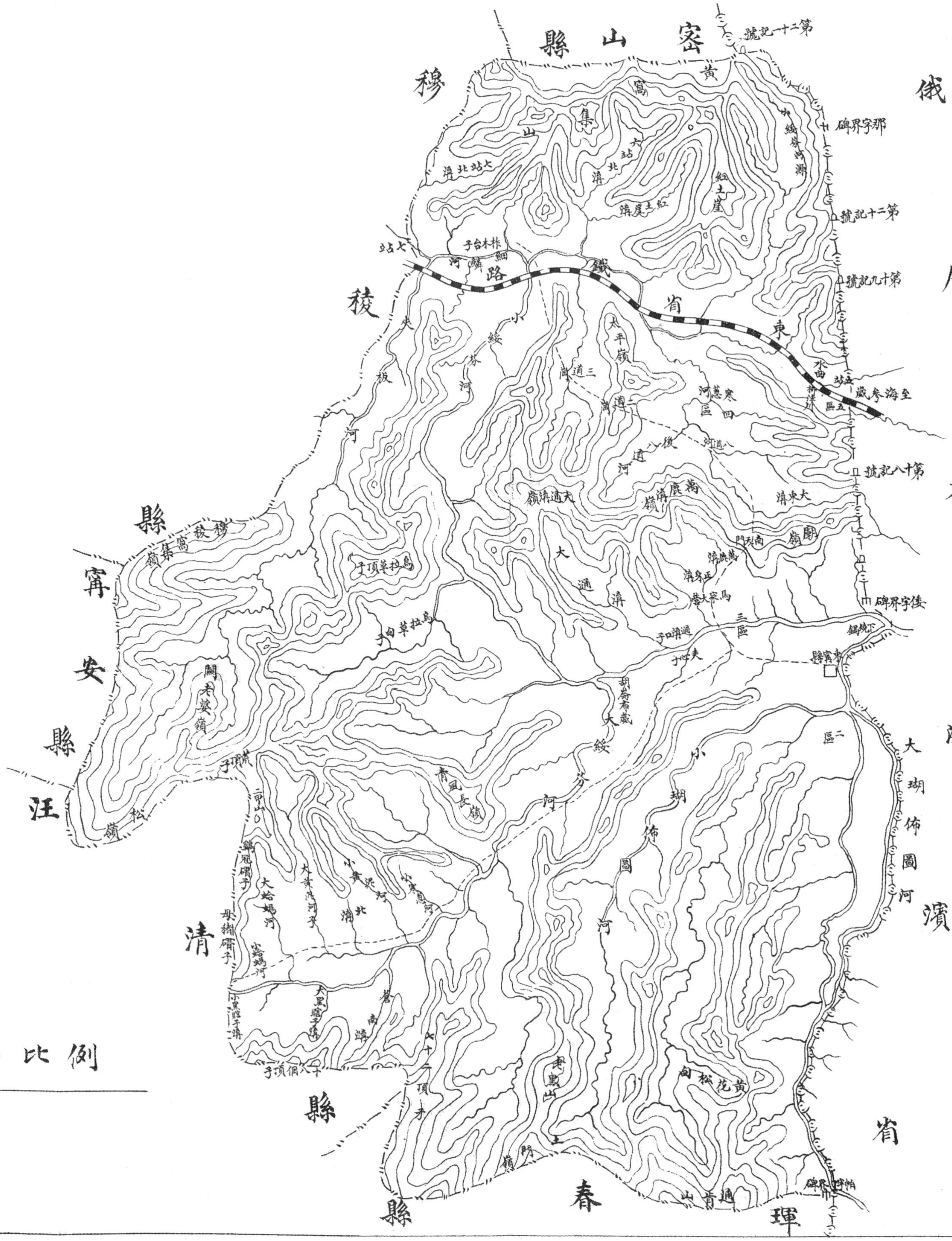

五十萬分之一比例

東寧縣街基圖

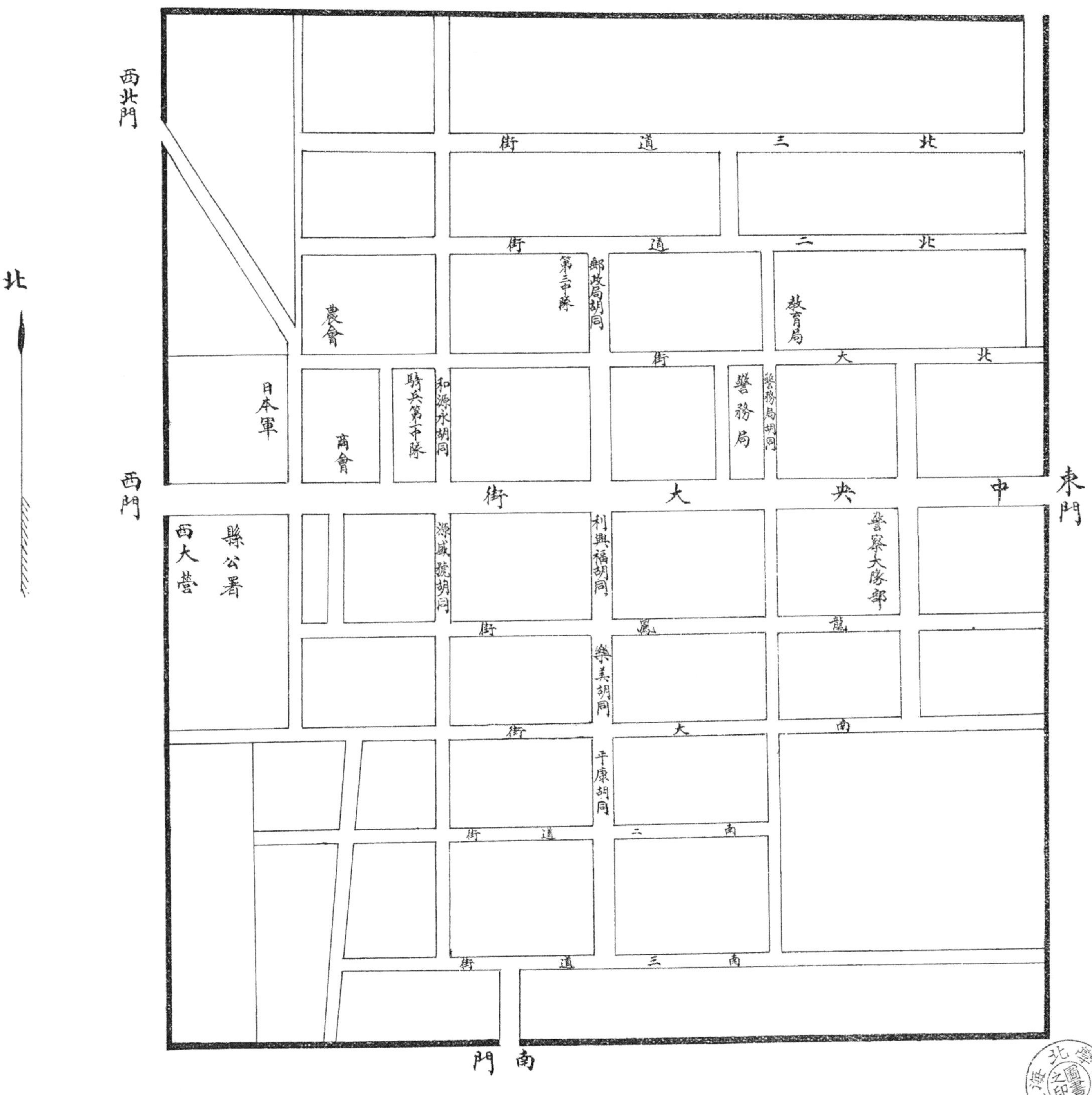
北門
西北門
北三道街
北二道街
北大街
中央大街
龍鳳街
南大街
南二道街
南三道街
東門
西門
南門
農會
第三中隊
郵政局胡同
教育局
日本軍
商會
騎兵第一中隊
和源永胡同
警務局
警務局胡同
縣公署
西大營
源盛號胡同
利興福胡同
警察大隊部
樂美胡同
平康胡同
北

東寧縣

目次

東寧縣

第一 位置

本縣位於吉林省之東端自北緯四十三度三十分至四十四度五十分東經百三十度至百三十一度二十分之間東隔大瑚佈圖河與俄屬東海濱省尼庫里斯爲隣自帕字界碑（於琿春縣）北百五十五滿里至倭字界碑自倭字碑北經十七十八十九二十等號記至那字界碑二十一號記距離凡百六十華里

南接琿春縣（自縣城至土門嶺二百二十一滿里）西南隣汪清縣（自縣城至母猪磖子二百五十三滿里）西連寧安縣（自縣城至窩集嶺二百七十二滿里）西北毗鄰穆稜縣（自縣城至夾板河二百二十一滿里）北境密山縣（自縣城至黃窩集山二百三十二滿里）

第二 地勢

本縣南北兩境羣山圍繞中央如裙之連接琿春縣境之通肯山土門嶺七十二頂子諸峯由縣南境向北走汪清縣之荒頂子由縣西南境向東走北有密山縣之黃窩集山中央則有大通溝嶺孤立無依其旁多爲丘陵地

本縣之河川多流於諸山之間自北流入者自南方流入者均會流於東寧盆地再合流東入於俄境大綏芬河發源於汪清縣向東北流入於東寧盆地集合縣北部之水向南流之小綏芬河亦東流入東寧盆地發源於琿春縣之大瑚佈圖河自琿春縣向北流會合諸河川則合流入於俄境焉

小瑚佈圖河發源於土門嶺經高安村與大瑚佈圖河相合流大綏芬河及大瑚佈圖河之流域各長凡百餘里爲本縣最主要

之河川其兩岸土地平坦焉

第三　面積

本縣之全面積二。〇七九。〇〇〇垧（三八・五四〇方滿里）

既耕地面積　三五・五一八垧

可能未耕地面積　二五・〇〇〇垧

荒地面積　二・〇一八・四八二垧

（內森林地面積約六・六〇〇垧即一二〇方滿里）

以上之面積未經確實之測量僅依當地人所稱之概數耳

第四　戶口　人口

本縣於六十年前向稱爲森林地帶僅有少數滿鮮人耕種鴉片爲農事距今四十年前東寧縣已有數十戶之村落及一八九八年北滿鐵路敷設後俄境布厘拉尼其那牙發達以來縣內居民亦漸次增加及民國二年（一九一三年）已達一萬二三千人至民國四年竟增至一萬八千人（內含外國人）自大同二年一月十日本縣於滿洲國行政之下以來治安尚未安全住民多移動他方戶口人口數難以確實調査茲將大同二年四月份戶口人口概數以另表列後

然本縣人口密集之地除縣城外即爲大烏蛇溝佛爺嶺五站（綏芬河）其他各地蓋均人口稀薄之農村也

東寧縣戶口、人口調査表

種別	戸口數	人口數 男子數	人口數 女子數	人口合計數
第一區	三・四三八	七・五三一	四・四一三	一一・九四四
第二區	一・三八七	三・八〇六	二・八八六	六・六九二
第三區	一・三四二	四・九四三	二・九五三	七・八九六
第四區	三〇六	一・〇三八	四二〇	一・四五八
第五區	五六一	一・四〇二	七二一	二・一二三
第六區	一・〇五〇	三・一八九	一・九〇九	五・〇九八
合計	八・〇八四	二一・九〇九	一三・三〇二	三五・二一一

備考　縣城戸口數　一・一六八　人口數　男四・〇六四　女一・七五四　計五・八一八
第一區內戸口人口數含有縣城戸口人口數
第四・五・六區未完全調査故未得其確數

東寧縣居住外國人戸口、人口調査表

人種別＼項別	戸口數	人口數 男子數	人口數 女子數	人口合計數
日本內地人		八		八
朝鮮人	一・三〇〇			五・二三八

俄國人				七	七
其他					
計					

備考

縣城內
- 日本人 六名
- 朝鮮人 八戸三三名
- 俄國人 七名

縣城外
- 日本人 二名
- 朝鮮人 一・二九二戸 五・二三〇名

第五 交通 通信

一、鐵道

北滿鐵路東部線由縣之北部東西貫通焉縣內設有綏芬河及小綏芬河等站東寧縣城距綏芬河南方七十九里東綏間有馬車連絡之便

二、道路

東寧縣城—— 綏芬河道路(七十九滿里)

本縣最重要之道路有水城子、萬鹿溝口子、馬蒙大營南天間等村屯間之道路道路多不平坦惟南天間以北小綏芬之

流寒葱河水深約一米乃至一米半大車非冬車不可通過也

萬鹿溝口子、二十八道河道路

沿東綏道路自萬鹿溝口子西經小城場溝、磊子溝、至二十八道河子之道路現稱爲經濟交通道路煙筒碯子二十八道河子方面土地肥沃良田中有此道路將來定有重要性之發展現雖道路不良然亦爲警備上重要之道路也

東寧——亮子川道路

自縣城南沿大瑚佈圖河流域經高安村、大烏蛇溝、泉眼河等至亮子川而通至琿春縣沿道多丘陵起伏高低道路約佔全路八分之一至四分之一積載大車難以通行焉

東寧——老黑山(—琿春)道路

自縣城經高安村、馬架子、菜營嶺、水曲流溝、羅圈崴等至老黑山而達琿春縣途中絕壁阻塞險路濕地車馬通行甚感困難耳

以上爲本縣主要之道路其他各道路列左

東寧——佛爺嶺——西嘎哈加——西北溝——五排

小城子——城子河——黃花甸子——西北溝

以上諸道路則係天然之道路也並無橋梁之修築及夏季道路泥濘交通極感困難冬季結冰後交通尚稍爲便東寧縣於事變前則有自動車數輛每年冬季於東綏間運輸旅客(車費往道六元)自王匪入縣城以來將其全部沒收現在清鄉局尚有自動車一台然僅於冬季通行於東寧道路上此外並無其他自動車也

三、電報 電話

本縣通達電報地區僅可通至綏芬河再繼續通至海林而達哈爾濱現在除數處通達官報外並無商用電報電話可通至綏芬河及北滿鐵道沿線尚可繼續哈綏長途電話局東綏間長途電話費國幣一元

電報電話兩局辦公人員現在共有五員其薪俸向由哈爾濱北滿電信電話管理局支給之自事變勃發以來已停止其薪俸現在由東寧縣長自辦之每月經費約支二百六十元之譜

城內電話於事變時被胡匪破壞至今尚未恢復通話

電話之架設於警備上實爲當務之急茲將其計劃線列示如左

城外線

東寧——高安村（三・七粁）——大烏蛇溝（八・九粁）
　　　　　　　　　　　　　——馬架子（一三・七粁）

東寧——佛爺嶺（一三・四粁）——老黑山（四五・七粁）

東寧——萬鹿溝口子（一三・二粁）——平房（二二・粁）——寒葱河（一八粁）——綏芬河（一七粁）

備考　現在東綏間電話乃以電話機插入電報專心線藉資使用焉

萬鹿溝口子——二十八道河子（四八・四粁）

城內電話線

警務局
- 東門
- 警察隊本部
- 南門
- 日本警備隊—縣公署
- 西北門

第六 行政

本縣接境俄領之沿海洲警備上佔有重要性自北滿鐵路建設以來尤為重要之地帶况當沿海洲阿片輸送之要路加之胡匪之橫行故本縣警備機關較他縣為多

本縣與蘇俄貿易繁盛財政自相當豐富故住民亦為之富裕然近年以來屢遭水災中俄戰爭之兵災並加王德林等匪之擾害本縣之財政及民間之資產較前為之驟減實有天壤之別故縣行政亦陷於困難之狀態也

(一) 警備

一、概況

本縣境接俄領沿海洲並當阿片輸送之要路加之胡匪之橫行且有北滿鐵路之經過故警備機關較他縣為多

本縣屯駐之軍隊擔任維持地方治安及國境警備之軍隊有吉林省陸軍及東省鐵路護路軍其他尚有山林遊擊隊專司討伐縣內胡匪

縣內之警察機關有縣警察所特別區警察所及鐵路護路軍警察所等縣警察所隸屬於縣長之下均駐於東寧縣共分為六

區擔當縣內治安警察事務

本縣隸屬之農會以其經費尙組織保衛團及商團等警備機關

然自大同元年六月匪首李其部下救國軍佔據縣城以來將各機關改爲王之榨取機關公安局亦改編爲其部下今將其改編前後狀況列示如左

公安局之改編（救國軍入城前）

區別	人數 人員	薪俸 哈洋	薪俸 永洋
局長	一	60.00	84.00
總務兼司法科長	一	38.00	53.00
行政兼衛生科長	一	34.00	47.00
總務兼司法科員	一	23.00	32.00
行政兼衛生書記	一	23.00	32.00
警察員	一	12.00	16.00
僱員	五	17.00	21.00
傳達長	一	8.00	
看守長	一	8.00	
看守兵	二	8.00	
傳達兵	一	8.00	
炊事夫	二	7.00	
雜役夫	一	7.00	
計	一九		

公安隊之編成

	配置地	局長	局員	巡官	僱員	兵員	兵器數	備考
第一分局	東寧公安局內	一	一	三	一	六二	小槍五十一支	彈藥一萬三千餘發

第二分局	大烏蛇溝	一	一	一	二	一五	不詳	第二分局以下均為自備槍械子彈則由公家發給之
第三分局	北河站	一	一	一	一	三	不詳	
第四分局	寒葱河	一	一	一	一	三	不詳	
第五分局	阜寧鎮	一	一	一	一	一八	不詳	
第六分局	小綏芬	一	一	一	一	一八	不詳	
計		六	六	八	七	一六五	不詳	
薪俸（洋哈）	第一分局	三五.〇〇	三〇.〇〇	一七.〇〇	一四.〇〇	八.〇〇		分局長機密費一五〇.〇〇
	第二、三、四、五、六分局	三五.〇〇	三〇.〇〇	一六.〇〇	一三.〇〇	九.〇〇		分局員機密費三〇.〇〇

附於縣公署之保安步隊及保安馬隊編成表

	職務	人員	月薪		備考
保安步隊	縣公署之公務事項	一三	隊長	二八.〇〇	槍械由公安局發給之
			巡長	一〇.〇〇	
			兵士	八.〇〇	
保安騎隊	縣公署之傳令事項	一四	隊長	三五.〇〇	
			巡長	一三.〇〇	
			兵士	八.〇〇	

保衛團之編成

隊名＼職名	配置地	隊長	隊附	什長	書記	僱員	乘馬兵	兵	計	分駐所	隊附	什長	兵	
司令部	東寧城內	一	一	一	一	二	四		一〇					
第一正隊	大烏蛇溝	一	一	二		一		四〇	四五	北嶺	一	一	一八	二〇
第二正隊	平房	一	一	二		一		四〇	四五	分水嶺	一	一	一八	二〇
第三正隊	通溝	一	一	二		一		四〇	四五	二十八道河子	一	一	一八	二〇
第四正隊	佛爺嶺	一	一	二		一		四〇	四五	老黑山	一	一	一八	二〇
第五正隊	小綏芬	一	一	二		一		四〇	四五	土城子	一	一	一八	二〇
司令部 月薪額		七〇・〇〇	四〇・〇〇	三〇・〇〇	三〇・〇〇	一六・〇〇	一六・〇〇			分駐所之兵士均由正隊中派遣者槍械均爲自備之子彈則由縣公署發給之				
各正隊 月薪額		三五・〇〇	一八・〇〇	一〇・〇〇		一四・〇〇		八・〇〇						

商團之編成

	隊長	一等兵	二等兵	夜警	炊事夫	伙夫	計	槍械	所在地並任務
人員	一	一〇	二	一	一	一	一六	小槍二五支	於東寧縣城商務會城內大街擔任夜警事務
薪俸	六〇・〇〇	一七・〇〇	一五・〇〇	一三・〇〇	一八・〇〇	一三・〇〇		子彈七千	

王德林入城後以縣之警團及其他招撫之胡匪新編成左列救國軍第二團

救國軍第三團長 姜開山

- 第一營長李信
  - 第一連長 段紹銘
  - 第二連長 劉清祥
  - 第三連長 張萬發
  - 第四連長 王德文
  - 以保衛團、商團、保安隊等編成者
- 第二營長孫福元
  - 第五連長 王殿臣
  - 第六連長 申鴻德
  - 第七連長 徐國眞
  - 第八連長 韓德應
  - 以警察隊員編成者
- 第三營長劉吉春
  - 第九連長 王
  - 第十連長 張
  - 第十一連長 吳夫亮
  - 第十二連長 孟宏海
  - 以招撫胡匪等編成者

備考

每連定五十名然各連均不同其確數不詳

該團雖有改編之名事實上仍服從前之職務

救國軍之編成

總司令官王德林——旅長｛鄭漢卿　劉世凱　李延祿｝團長｛柴世榮　鄭永扶　姜開山｝營長｛李信　劉｝連長—排長

副司令官孔憲榮

〃　王玉振——參謀｛賈明周（參謀長）　常維民｝

前防司令吳義成

（備考）　此外尚有事務長（炊事長）

大同二年一月友邦日本軍入城之際縣內各機關已悉封鎖警備機關亦無警備之狀態僅有商務會二十餘名消防人員持其自用槍械並縣政府八名保安隊等縣城之百六十名自衛團當事變之際與救國軍相混合各地自衛團之槍械及民間之武器全部為王匪徵集而無餘故民間已無槍械之狀態及治安工作以來計劃編成東寧縣警察隊及步兵二中隊騎兵一小隊專担任東寧綏芬河道掩護事宜將來如縣財政富裕時則再增編步兵一中隊致於槍械多取自綏芬河關旅及東寧王德林部下解除武裝中良好之槍械其編成表如左

東寧縣警務局警察隊編成表

項別		隊別
隊數		
人員	總隊長	
	副官	
	醫官	
	經理官	
	教官	
	中隊長	
	分隊長	
	班長	
	書記一等	
	書記二等	
	書記三等	
	書記四等	
	隨從兵	
	看護兵	
	號兵	
	兵士一等	
	兵士二等	
	兵士三等	
	乘馬傳令兵	
	炊事夫	
	馬夫	
	計	
乘馬		

總隊本部	步中隊 中隊	步中隊 分隊	步中隊 班	騎兵分隊 分隊	騎兵分隊 班
一	三			一	
一					
二					
一					
一					
一					
	一				
	三	一		一	
	九	三	一	三	一
	一				
一					
二	一				
	一				
七	四	一		一	
	一				
	一				
	九	三	一	三	一
	二七	九	三	一二	四
	三六	一二	四	一五	五
三	一〇				
四	五			二	
四	一			三	二
二七	一一〇	三二	九	七	二
	三五七				
七	二			三七	

(備考) 1,分隊長以上可帶隨從兵一名總隊長可帶隨從兵二名

2,乘馬者除傳令騎兵外總隊長、中隊長副官敎官各有官馬一匹

3,現有本部步兵中隊二騎兵小隊一將來更增編步中隊一

匪首王德林部隊雖已四散然與四方胡匪聯合時自成相當有力之匪羣現在本縣之自衛團如改編新制自衛團發給其槍械是必又與胡匪相混合結果不啻供給胡匪之槍械故改編實爲極困難之事警察隊及自衛團之協力實不可期待也故軍部採取左列之方針而維持治安焉

第一次　招撫歸順　(係無條件歸順)

第二次　討匪

第三次　維持治安　(以公安隊担任之)

第四次　再組織自衛團

日本軍入城以來王德林部隊多逃走俄國境內現在希望歸順者實爲不少申子安、孫福元(部下五十一名)袁子直(係前保衛團長部下二〇一名)等已解除其武裝使其歸農爲業也於大同二年一月間藉本縣農會之援助則募集新公安局員現在警察隊與日本軍相協力担任維持縣內治安焉

東寧縣公安局　一五名

第一分局　七〇名　內含第一分局高安村派出所人員

恢復治安爲當務之急故於大同二年二月六日石田少佐、縣長、參事官、公安局長等會議於東寧女子小學校則有治安維持之設立

警備機關活動後治安整備區域則漸次擴張然第四、五、六區各地縣政尚未達及焉

大同二年七月二日基於中央政府並省公署之指令則於東寧警備隊本部宣佈東寧縣治安維持會成立式自治安維持會成立後本縣治安雖恢復較速然久勢必薄弱故必實行改編自衛團及壯丁團可得治安實際恢復焉

(二)　警備機關及其活動

(A)警察隊

警察隊大隊本部外尚有步兵二中隊騎兵一中隊大隊長率各兵士爲積極討匪之事務其活動地形上以東寧警備爲中心其討伐團體以綏芬河警備隊爲中心而分爲討伐隊

日本軍並警務局以東寧盆地爲治安確保中心連絡向老黑山、二十八道方面爲討匪事宜萬鹿溝以北因無縣警察隊之存在以綏芬河及特區所屬山林遊擊隊密接連絡爲討匪事宜其他各地警察署並壯丁團相督勵擔當剿匪焉

(B)警務局

本縣警察共分爲六區各區設一警察署警務局統率六警察署與東寧警備隊並日本軍相協力確立縣內治安警察本縣行政警察因治安警察尚未普及治安工作故縣行政警察亦未完全遂行焉

警務局之編成並人員之駐防地列示如左

區別＼官職	警正	警佐	譯官	巡官	警長	警士	夫役	合計	駐防地
警務局	一	五	二	九	一〇	四	八	三九	縣城內
第一區警察署		一	一	四	七	五四	三	七〇	縣城內
第二區全上		一	一	三	四	一六	一	二六	大烏蛇溝
第三區全上		一	一	二	三	一四	一	二三	北河沿
第四區全上		一	一	二	三	一四	一	二三	塞葱河
第五區全上		一	一	二	三	一二	一	二〇	綏芬河 埠寧鎮
第六區全上		一	一	二	三	一二	一	二〇	小綏芬
警察大隊本部	局長兼一	三		一	二	一二		一八	縣城內
步兵第一中隊		一		三	一一	一〇一		一一六	,,
步兵第二中隊		一		三	一一	一〇一		一一六	,,

騎兵中隊		一		三	八	六八		八〇	″
合計	一	一七	八	三四	六五	四〇八	一六	五四九	″

警務局每月經費額列示如左

警務局經費月額(大同二年八月)

區別	金額	備考			
警務局	九五四.〇〇	人件費	五五四.〇〇	雜費	一〇〇.〇〇
		事務費	三〇〇.〇〇		
第一區警察署	七一六.〇〇	人件費	七〇六.〇〇		
		事務費	一〇.〇〇		
第二區警察署	二八〇.〇〇	人件費	二七二.〇〇		
		事務費	八.〇〇		
第三區警察署	三三九.〇〇	人件費	三三一.〇〇		
		事務費	八.〇〇		
第四區警察署	三三九.〇〇	人件費	三三一.〇〇		
		事務費	八.〇〇		
第五區警察署	二一一.〇〇	人件費	二〇五.〇〇		
		事務費	六.〇〇		
第六區警察署	二一一.〇〇	人件費	二〇五.〇〇		
		事務費	六.〇〇		
警察隊本部	六六六.〇〇	人件費	四三四.〇〇	討伐旅費	五〇.〇〇
		事務費	一四四.〇〇	雜費	三八.〇〇
步兵第一中隊	一.〇九七.〇〇	人件費	一.〇二七.〇〇	馬糧	六〇.〇〇
		事務費	一〇.〇〇		
步兵第二中隊	一.〇九七.〇〇	人件費	一.〇二七.〇〇	馬糧	六〇.〇〇
		事務費	一〇.〇〇		

騎兵中隊	六九六・〇〇	人件費	四二二・〇〇
		事務費	一〇・〇〇
		馬糧	二六四・〇〇
合計	六・四〇六・〇〇		

大同三年二月末現在警務局及警察隊編成狀況

警務局（二九名）

第一區警察署	署長以下	七〇名
第二區警察署	〃	二六名
第三區警察署	〃	二二名
第五區警察署	〃	一九名
第六區警察署	〃	一九名
計		一八五名
銃器		一〇八挺

警察隊

警察大隊本部	一九名
歩兵第一中隊	一一六名
歩兵第二中隊	一一六名
騎兵中隊	八〇名
合計	三三一名

(C)軍隊

本縣並有滿洲國軍步兵第七旅步兵第十八團第一營之屯駐（在小綏芬河）

日本軍一個大隊屯駐於此與滿洲國側相協力担當警備事宜

(D)事變後並無公安隊及保安隊之存在

(E)自衛團

本縣自衛團如前述之情況亦不可信任矣遂於七月間治安維持會成立後基於保甲條令實施改編壯丁團

自衛團一覽表（大同二年八月二十三日）

區別	代表者姓名	團丁數	駐紮地	距縣城里數
自衛團長	曹連福		縣城	
第一保自衛團	孫廣起	五〇	威遠社北燒鍋	八滿里
第二保自衛團	段紹銘	五〇	居仁社大烏蛇溝	三十滿里
第三保自衛團	陳鳳林	五〇	論孔社大城子	十二滿里
第四保自衛團	高平絡	五〇	由義社佛爺嶺	二十五滿里
合計	五	二〇〇		

備考　各團代表者均係本縣人

第一保第三保壯丁團編成人員表（大同二年八月三十一日）

	保長	副保長	壯丁團 團長	壯丁團 副團長	甲壯丁團 團長	甲壯丁團 副團長	牌壯丁團 團長	牌壯丁團 副團長	駐紮地	甲長	牌長	合計
第一保	徐國禎	于寶興	張長勝	三		二		二	縣城內	六	六〇	一三七
									高安村南門外	二	一五	
									泡子沿缸窯溝	二	二〇	
									下北燒鍋八家嶺子	二	二〇	
第三保	李信	張殿君	陳鳳林	二	一	二			小城子	副甲長一	一三	四二
									大城子	一	九	
									北河沿	一	八	
合計	二	二	二	五	一	四		二		一六 內副甲長一	一四五	一七九

(F)市衛中隊

本縣警察隊指揮之市衛中隊(擔任縣城內各防樓守備事宜經費由各商民擔負之)基於保甲條例實施改編壯丁團矣

(2)財政

a.概況

本縣農產物最爲豐富一般住民生活亦甚富裕故國稅地方稅之徵收成績極爲良好每年向吉林省財政廳呈送稅時無一

時或缺然自匪首王德林入城以來本縣財政爲之一變將稅捐局財務處改爲王之榨取機關既定稅制完全破壞一切稅收入均入王之私囊官吏僅與糊口之少數食費當地之農民本無現金尙高提物價佈告糧條完納坰捐解送王之兵站處僅以公安局每月徵收衞生捐(本捐委託財務處代理徵收之)充作薪餉及辦公費等

匪首王德林入城以來私定之新稅制較舊稅率爲高其最顯著者列示如左

一、會　局　爲官立之會局受王德林之許可每日百元之賭博徵收五、六元之稅金特頭目李蓋往會局徵收之而再交納王之籌備處會局設於八和泉澡塘內每日實行賭博之行爲焉

二、阿片稅　販賣者及小賣者完全納稅與匪首王德林

三、營業稅　每日賣款中納於商會者四分之一納於縣財務處者四分之三

四、燒酒稅　每百徵二元〇七分之稅金

五、糧石稅　每賣糧十元者得納五角四分之糧石稅如向國外運輸者（例如運往俄國時）每賣糧十元時尙追加輸出稅二角

六、印花稅　自一圓至十圓零一分者自十圓至五十圓零二分者自五十圓至百圓零四分之稅捐

七、屠殺稅　豚一口徵屠宰稅三角

八、衞生稅　每一戶月收三角(充作衞生警察隊之薪俸)

九、藝妓稅　每一人月徵二元五角

十、附戶捐　每戶月徵一元二角五十錢

大同二年一月間日本軍入城後匪首王德林逃走他方遂廢止惡稅以資養民生然疲弊已達其極一時縣財政難以恢復因王匪搗亂稅捐實收六萬圓中則減收哈洋五一〇圓(大同元年度預算哈洋拾壹萬圓)尚奪走四萬五千圓被害各地亦無力完納埇捐縣內裕寧公司受逆產之處已不能徵稅焉

王德林入城後尙發行左列各票照並捲菸印花稅票稅捐局納入之者列示如左

(一)天字三聯合　自二十號至六十號　自六十四號至九十一號　自一百二十號至一千號　計九百五十張

(二)地字屠宰票　至三十四號至一百號　自一百零七號至五百號　計四百六十一張

(三)玄字斗稅票　自一百五十號至二百號　自二零三號至七百號　計五百四十九張

(四)軍字糧出口證　自二百十七號至三百號　自三百二十八號至四百號　計一百五十一張

(五)二　聯　票　自八十二號至二百號　計一百十九張

合計　二千二百三十六張

(六)捲菸印花稅票　十萬四千四百五十張

b. 國稅狀況

王德林等匪擾亂以來國稅徵收成績極其不佳茲將大同元年六月份徵收狀況列示如左

稅目	大同元年六月份收入	備考
菸酒稅	六二八●一四元	本縣出產菸葉甚少年收入菸葉稅國幣六〇〇元並無製造捲烟者燒鍋有四家以機械造酒業者有一家近來地方不振並缺乏原料販路亦不甚進展現在多由外運來之雜酒而納稅焉

出產稅	較列年收入減少	列年出產稅約可收入國幣五・〇〇〇元近來人參鹿茸毛皮等產量漸少故出產稅亦不如從前也
鑛業稅		本縣有煤鑛一處以人工採掘產量亦爲寥寥稅收入亦甲月不如乙月耳
營業稅	四九八・九六	本稅年可收入國幣八・〇〇〇元自王德林等匪擾亂以來營業不振故本稅之收入亦驟減
木石稅	無收入	本縣出產少量之木石僅可供給縣消費向外販賣者甚少
米穀稅	一〇〇・〇〇	本稅列年可收入二萬元今年無多少販賣者故稅收亦減少
家畜稅	四六・二〇	本稅年可收入七千元本年因王匪等擾亂或殺食或强奪而逃走故稅捐收入亦極其不派

大同元年度收入預算額列表如左

稅目	大同元年度預算額	稅目	大同元年度預算額	稅目	大同元年度預算額
山貨稅	三・四六九・四七	煤觔統稅	九三・二八	雜酒包捐稅	一・二〇〇・〇〇
海菜稅	二七六・五二	黃菸稅	二五八・四三	酒精稅	九〇六・六〇
土產稅	一・六一三・八五	白酒稅	五・六七二・八〇	賣錢營業稅	一九・六〇一・一〇
皮張稅	三五一・九一	雜酒簽封稅	二・四三〇・五三	牌照營業稅	一〇・六四〇・二九
錢當純利營業稅	二〇九・九一	買穀稅	一九・七四八・八七	雜酒包捐費	一・二〇〇・〇〇
攤床牌照營業稅	七七六・五〇	賣穀稅	一九・七四八・八七	酒精費	九九三・四一
木稅	二五七・五六	斗稅	六・七三八・九六	菸酒牌照費	一・七六二・〇〇

木植票稅	二〇六•〇五	魚網稅	三三•一四	各稅二成軍費	二一•九八二•〇〇
木椊稅	七一•六二	各種五厘雜欵	一•三一〇•六六	於酒稅費二成稅捐	三•三五九•一〇
木炭稅		燒酒五厘雜欵	三二一•二九	燒商舖課	二•二〇〇•〇〇
山分稅	一五四•五三	罰金	一•八〇九•八二	鹽捐	一三•〇一二•五七
當課	二〇•〇〇	黄菸費	三一〇•一一	進出口稅	一八五•二〇
牲畜稅	一九•九一八•二七	白酒費	二•二三一•二〇		
屠宰稅	四一一•一〇	雜酒發封費	二•四三〇•五三		
合計	一六七•一一八•三二元				

國稅率如左

稅種目	稅率	徵收方法	備考
賣錢營業稅	賣欵百分之二	按各商家賣錢賬徵收之	哈大洋
木炭稅	賣價百分之十	由賣主徵收之	仝上
牲畜稅	按賣價百分之五	由買主徵收之	仝上
屠宰稅	牛一頭一元 豚一口三角 羊一頭二角	由屠殺者徵收之	仝上
糧石出產稅	按賣價百分之二	由賣主徵收之	仝上

粮石鋪塲稅	仝上	由買主徵收之	仝上
斗稅	小麥二角 元豆各一石一角四分 紅豆三分	糧石種類甚多不能列記概以上之標準由買主徵收之	仝上
鹽稅	白鹽六角 普通鹽每百斤四角	由販賣店徵收之	仝上
煤稅	按賣價百分之五	由煤鑛主徵收之	仝上
煤觔統稅	每一噸一角	仝上	仝上
木耳稅	每百斤二元九角	由買主徵收之	仝上
元蘑稅	每百斤五角八分	仝上	仝上
鹿茸稅	按賣價百分之二十	仝上	仝上
皮張稅	按賣價百分之十	仝上	仝上
山參稅	仝上	仝上	仝上
豆油稅	每百斤二角九分	油房經營者徵收之	仝上
棉花稅	按賣價徵百分之三	由棉花販賣商店徵收之	仝上
木稅	按賣價徵百分之十	賣主買主各徵收半數	仝上
木植稅	按賣價徵百分之八	仝上	仝上
山份	按賣價徵百分之六	由賣主徵收之	仝上

燒商簡課	年分四季每一季百元一年則徵四百元	由釀造酒者徵收之	仝上
機製酒廠簡稅	仝上	仝上	仝上
白酒稅	每百斤徵收一元四角	仝上	仝上
白酒費	,, 六角	仝上	仝上
黃菸稅	由稅務監督署規定之 每百收十	由買主徵收之	仝上
黃菸費	仝上 每百收十二	仝上	仝上
雜魚稅	每百斤徵五角八分	仝上	仝上
進口稅	按賣價百元徵七元五角	由向國外輸出者徵收之	仝上
出口稅	按賣價徵百分之五	仝上	仝上

東寧縣稅捐徵收機關

東寧稅捐徵收局（東寧縣城內）
- 綏芬河分局（綏芬河）
- 小綏芬河分局（小綏芬）
- 大城子分局（大城子）
- 西北門驗卡（縣城西北門）
- 八道河子驗卡（八道河子）

C、地方稅狀況

地方稅收入狀況與國稅收入狀況成績均爲不佳皆因近年屢遭水災或中俄戰爭之借欵繼爲王德林等匪之擾害民力已陷於極其疲乏之狀態且與赤俄交通斷絕一切穀物蔬菜之價格低落地方稅收入大宗之垧捐糧捐出口捐等交納甚滯其他如營業附加捐店捐木耳捐廳捐屠殺捐等收入又異常減少與以前相比較已減收三分之一之狀態也

大同元年度地方稅收入及稅率表

種目別	大同元年度收入	徵收率（哈洋）	徵收方法
垧捐	三八・九九一・三九三元	每垧一元九角九分	由地主完納之
糧捐	二・六一三・九二一	按賣價徵百分之二	由買主納付之
糧用		按賣價徵百分之二	仝上
營業附加捐	四・〇五一・〇一四	徵賣出額百分之一	委託商務會代爲徵收之
出口捐	七一一・二一四	按市價徵百分之一乃至二	由買主納付之
木耳捐	一・五三五・三五三	徵賣價百分之二	仝上
茸捐	二六・四八二	仝上	仝上
舖捐	二・八六五・六五〇	按每月等級決定徵收之	各商店納付之
店捐	一四・九五〇	每家每月徵四角乃至五角	營業主納付之
屠捐	一・六五二・五〇〇	豚、羊、每一頭徵三角	由賣主納付之

妓捐	六三〇・四〇〇	每月每名徵二元	營業者納付之
車捐	四五六・五〇〇	每輛月徵二角五分	車主納付之
木柈捐	二七七・七八三	按賣價百分之三徵收之	賣主納付之
黃菸捐	五・四二八	按賣價徵百分之二	買主納付之
元蘑捐		仝上	仝上
線蔴捐	四・一〇二	仝上	仝上
車牌捐	一五六・〇〇〇	兩套以上者馬車一輛徵一元五角馬一套車一輛者徵一元	財務處調查巡差徵收之
馬路捐	八一〇・五〇〇	赴綏芬河馬車一輛徵五角	車主納付之
道捐		,, 四角	仝上
瓜捐	二三八・七〇〇	一車一担徵收不同	警務局代爲徵收之
附戶捐	五〇二・五〇〇	每家年徵一・五〇元	王德林開始徵收現已停徵
燒鍋捐		不詳	不詳
糧捐手數料	二・四七七・五七一	每家年徵一元五角	不詳
學田捐	不詳	不詳	不詳
遺地捐	,,	,,	不詳

房園捐	,,	,,	不詳
衛生費	三・一四四・五〇〇	依等級每月徵收之	以前公安局代爲徵收之現任警務局代爲徵收之
罰金	不詳	稅之倍數乃至二十倍	稅金未納者則罰納之
補助費			綏芬河裕寧公司及商務會補助者
合計	七四・二二六・三八一		

地方稅徵收機關

地方財務處
- 北河沿分卡
- 寒蔥河分卡
- 五站分卡
- 六站分卡

東寧縣地方財務處自民國十年至二十一年度收支比較表

年度別／收支別	應徵捐額總數	徵收額總數	應支付額總數	支付額總數
民國十年度	三七・三三〇元	四四・六六一元	三七・二七九元	四二・一九〇元
,, 十一年度	三七・九八一	三〇・〇一一	三七・九二〇	三九・〇四九
,, 十二年度	四五・三六一	四九・〇四七	四四・一八四	四九・四二八

〃十三年度	七三•〇七六	六一•五〇七	七〇•五二七	六八•二九一
十四年度	七二•九七五	六一•八八二	七〇•七二九	七〇•一五八
十五年度	七五•三一二	九一•三一一	七〇•七五一	七九•六五三
十六年度	八〇•三〇五	七七•七二六	七六•一六二	七八•一七九
十七年度	九四•八三一	八五•四九九	七七•五八八	八五•〇八五
十八年度	九四•八三一	五七•一八五	七七•五八八	七一•八八七
十九年度	一一〇•四四八	九六•九五七	八二•五三五	九〇•九二三
二十年度	一一〇•四四八	六七•〇九八	八二•五三五	八一•九五二
二十一年度	一一〇•四四八	五一•〇六二	八二•五三五	五四•八〇五

（備考）民國二十一年度份乃自民國二十一年七月一日至大同二年一月十日爲止

東寗縣公署歲出入決算調査表（大同二年二月十一日）

年次／款別	歲入預算	歲入額	歲出額	呈送省政府額
民國十九年度	（吉洋）四二•六二〇•四〇〇	二二•七七八•五二五	（吉洋）二一•二〇一•〇〇〇	（吉洋）一•五七七•五二五
民國二十年度	四二•六二〇•四〇〇	二八•八八〇•〇九九	二一•二〇一•〇〇〇	七•六七九•〇九九
大同元年度	二八•四一三•六〇〇	二六•〇六五•一四二	四•三二九•三〇四	無

備考

(一)東寧縣有既耕地三萬五百十七垧裕寧公司有墾地七千五百垧將來徵稅稍感困難將來四五六區方面設立分局實爲當務之急

(二)民國二十一年度即大同元年度王德林徵稅法依糧條子押收二萬一千七百三十五元八角三分八厘之鉅額

(三)民國十九年度徵收之垧率吉洋一元二角

民國二十年度徵收之垧率吉洋一元二角

大同元年度徵收垧率吉洋八角

(3) 教育

本縣設有男子小學校十四校女子小學校一校私塾六處學生一千零七十一名王德林等匪蟠踞縣城後强以教育經費充爲匪賊軍費故不得不停止授課及大同二年一月克復縣城後極力恢復縣內教育茲因財政窮迫僅恢復男女小學校各一校

此外地方紳民勸告得設義務學校二校

(一) 小學校教育

縣城內	男子小學校	三校
	女子小學校	一校
縣城外	男子小學校	十校
	私立小學校	一校

教員數

縣立　三十名

私立　二名

學生數

縣立　一、〇一〇名

私立　六一名

（二）縣私立小學校經費

	十九年預算	二十年預算	大同元年預算	備考
縣立小學校	哈洋二四・五二七.〇〇元	哈洋三七・八六四.〇〇元	國幣三四・四一九.〇〇元	
私立小學校			八〇〇.〇〇元	年額每年無一定之定額

（三）中等教育

希望受中等教育者甚少故無中等學校之設

（四）民衆教育

民衆教育僅有民衆教育館一處

自王德林後對於一般民衆爲普及救國思想招集各要人組織言論機關並擬發行救國月報遂決定以東寧縣圖書館爲發行所內設編輯組營業組翻譯組以教育局長爲宣傳部長於大同元年十二月十日遂發行其第一報編輯材料國際方面者多取自天津發行之大公報軍事材料則登載王德林司令部之記事及其他各方面投稿等

大同二年一月間日本軍入城以來王德林等匪則四散奔逃此言論機關於是亦完全停止矣

(4) 宗教

本縣處於邊陲之地宗教亦不甚發達更無宏壯寺院之設置縣內僅建立關帝廟一、及縣民溫姓者私人建立城隍廟一、年久失修之娘娘廟一年中亦無參拜者故無特別事項可誌者

(5) 衛生

1. 病院

本縣並無病院之設置僅有朝鮮人經營之醫院兩處也

2. 衛生諸施設

警務局爲辦理衛生起見特設衛生科及衛生隊等施設專從事計劃保健及衛生一切事宜

一、嚴勵監督飲食店(飯館等)食用品店(肉舖等)及民家等之清潔以重衛生

二、設置塵芥箱使各民戶每日朝夕灑掃道路以重清潔

三、縣城內之塵芥及便糞均由衛生隊以衛生車遠運之於郊外

四、隨時派有驗查員驗查各地排水道有無停滯實行嚴厲檢查焉

五、關於縣內藝妓娼妓每週施行一次檢驗其有無病菌

六、縣城內設有公共便所十二處

3. 傳染病

現在未發見特殊傳染病僅流行痢疾病被害者尚在少數也

東寧縣各機關組織變遷調査表（大同二年二月十日調）

農會
商務會

縣知事

(一)民國二十年前縣之組織	(二)王德林蟠踞中（自民國二十一年一月十日至大同二年一月）	(三)清鄉局恢復當初（自大同二年一月十日至同二月八日）	(四)自大同二年二月現在
縣公署：行政科、司法科、獄所、游巡隊	並未改組	恢復前狀	總務科、獄所、游巡隊
財務處：北河沿分卡	隸屬財務處	停止	恢復前狀
財務處：寒葱河分卡、五站分卡、六站分卡	關慶祿接收之	停止	各分卡已恢復完竣／最近予定恢復之
教育局：小學校十一校、高等班二級	第一第八小學校及第一女子小學校十一月末休假／其他七月末休假	冬季休假	△三月一日爲預定開學之期 小學校九校 高等班二級
實業局	撤廢	恢復前狀	△恢復原狀
縣志局	撤廢	恢復前狀	廢止
縣倉	撤廢	恢復前狀	廢止
公安局：第一分局、第二分局、第三分局、第四分局	第一第二第三第四及保安警察騎隊改編王德林救國軍第三團第二營	無組織	恢復第一分局後繼續恢復第六等分局 公安隊—中隊—小隊—分隊—騎小隊
公安局：第五分局、第六分局	第五第六分局編入關慶祿軍	無組織	
公安局：保安警察騎隊			
保衛團…正隊…分隊	編爲救國軍第三團第二營	遣散	遣散
（總隊部）…（五個）…（五個）			
東寧稅捐徵收局：綏芬河分局、小綏芬河分局	爲關慶祿接收	綏芬河特務機關 目下現在整理中	近來預定移管
東寧稅捐徵收局：大城子分局、西北門驗卡	爲王德林接收	停止	恢復準備中
		恢復	恢復原狀
東寧稅捐徵收局：八道河子驗卡	停止	停止	恢復準備中
哈爾濱長官公署：市政局	綏芬河市政局		
哈爾濱長官公署：地畝局	綏芬河地畝局		
哈爾濱長官公署：路警處	綏芬河路警處		
哈爾濱長官公署：特警處	東省特別區綏芬河警察署		
哈爾濱長官公署：教育所	綏芬河小綏芬河各小學校		

註 綏芬河市政局管轄綏芬河及小綏芬河等地
△印爲無代理局科長記號
稅捐局已由參事官接收矣近頃擬爲清鄉局長移管之教育局實業局現爲清鄉局長代理兼任之

第七　產業

（一）概況

本縣密林叢生故林產及毛皮出產甚富移住民之增加密林地帶及北部密山縣境則少見森林矣居民概均以農業爲本除縣城居住者外其六十餘戶均業農每年大宗之農產物大豆一宗可產七仟噸其次者爲麥、高粱等可供給全縣使用而尚有餘惟近年屢遭天災人禍農民多移居於他方本年耕地荒廢者約估三分之一之譜

本年春季中央成立春耕貸款委員會以資救濟本縣農民然本縣農民所有之土地於民國十八年中俄戰爭之際興起借款早以土地作爲抵當品矣及春耕貸款之貸借則無土地爲擔保祇可充作償還前借款之途所有收穫物於大同元年六月間匪首王德林入城以來任意擾害及其匪衆逃走之際又遭極大之損失故現在農民已達極其窮困之途加之治安紊亂商工鑛等業亦多陷於不振之狀態也

（二）農業

耕地狀況

本縣山岳重繞多山地少平原耕地面積較少熟地荒地合計約有十萬餘垧大同元年間僅耕種四萬五千垧及大同二年度耕種面積尚不及三萬五千垧交通不便僻遠之地農耕因多妨阻加之近年屢遭水災胡匪等擾害故農業不甚發達惟大綏芬河流域及大瑚佈圖河流域土地開闢之區尚較墾饒也

農業狀況

本縣農業主產物如粟、大豆、高粱、小麥等蔬菜之栽培亦甚盛殖可供給五站等地之需用近年因水災匪害產量亦漸

減少矣

朝鮮人早移居於此如高安村古舊之村屯該村之鮮農多由鮮境北道無水田地方遷移而來者因未慣耕種水田故今日稻子之產量亦無多

農產物耕種垧數調查表（大同二年八月）

種類	耕種垧數	種類	耕種垧數	種類	耕種垧數	種類	耕種垧數
黃豆	一〇・六五五垧	包米	一・七七五垧	稻子	四九七垧	瓜子	一〇垧
小豆	一七七	小麥	七・一〇三	芝麻	七一		
吉豆	一〇七	大麥	一七八	雜糧	九六	總計	三四・〇九四垧
合豆	七二	糜子	七一〇	蘇葉	三五		
高粱	五・三二七	稗子	十二	線麻	一七		
穀子	七・一〇三	蕎麥	七二	菁麻	一七		

種類	總生產額	總價格	每垧生產額	每垧價格	消售經由
黃豆	一五・九八二・五〇石	一六九・〇六〇・〇〇元	一・五〇石	一六・八〇元	經綏芬河由北滿鐵路而送於哈爾濱
小豆	三五四・〇〇	四・二六四・〇〇	二・〇〇	二四・〇〇	仝上
吉豆	一〇七・〇〇	三・四二四・〇〇	一・〇〇	三二・〇〇	於縣內消費之

合豆	七二・〇〇	七三八・四〇	一・〇〇	一〇・四〇	仝上
高粱	一〇・六五四・〇〇	九三・七五五・二〇	二・〇〇	一七・六〇	仝上
穀子	一四・二〇六・〇〇	一二五・〇一二・八〇	二・〇〇	一七・六〇	仝上
包米	三・五五〇・〇〇	三五・三二〇・〇〇	二・〇〇	二〇・八〇	仝上
小麥	一〇・六五四・五〇	二〇四・五六六・四〇	一・〇〇	二〇・八〇	製造麵粉者均運於鐵路沿線
大麥	二六七・〇〇	二・五六三・二〇	一・〇〇	一四・四〇	縣內消費
糜子	一・〇六五・〇〇	一三・六三二・〇〇	一・〇〇	一九・二〇	仝上
稗子	一六八・〇〇	五七六・〇〇	四・〇〇	一六・〇〇	仝上
蕎麥	一四四・〇〇	五〇・八九二・八〇	二・〇〇	八・〇〇	仝上
稻子	三・九七六・〇〇	二・〇四四・八〇	八・〇〇	一〇二・四〇	縣內消費及運於鐵道沿線
芝麻	三・九七六・〇〇	二・〇四四・八〇	八・〇〇	一〇二・四〇	仝上
雜糧	九六・〇〇	二・八八〇・〇〇	八・〇〇	八・〇〇	縣內消費
菸葉	一八・〇〇〇・斤〇〇	三・三六〇・〇〇	一・〇〇	九六・〇〇	半數縣內消費其他運輸赤俄方面
線麻	八・五五〇・〇〇	一・七〇〇・〇〇	六〇〇・斤〇〇	一〇〇・〇〇	縣內消費
菁麻	八・五五〇・〇〇	六八〇・〇〇	五〇〇・〇〇	四〇・〇〇	仝上

瓜子	四・〇〇〇・〇〇	六四〇・〇〇	五〇〇・〇〇	六四・〇〇	仝上
總計	六一・四五八・六〇石 三九・〇〇〇・〇〇斤	七三・五九七・六〇元			

備考　每垧生產額爲前年與去年平均數

播種期東寧縣附近於淸明節以後卽舊曆三月中旬以降播種小麥、大豆、粟其他順次播種之萬鹿溝嶺以北較遲二十餘日播種之

農民生活狀況

本縣屢遭水災縣民已極其窮困矣次又發生中俄戰爭之借款相繼匪首王德林蟠踞於縣內收穫物及家畜等强制奪去或任意徵收之農民之困苦已達於極境實忍無可忍加之四方胡匪擁起農民又多移居縣城內視其生活狀況亦貧如洗困苦已極實無自食自力之狀態也

綏芬河裕寧公司之農場

(1) 設立之沿革

民國元年間東寧縣長張仲策始創設之稱爲公務局縣公署直轄之下成績頗佳民國四年政府顧問萬福華以六站公司（小綏河）之南公司與其合併命名曰阜寧屯墾公司於民國五年始辦理其事務其後經理人死去事業漸衰民國八年秋爲張宗昌所有以十年之契約借款十萬元始稱爲裕寧公司民國十年經營困難遂與六站公司（於浦鹽綠樂山主任以股份組織之管理荒地三千餘垧）合併向爲張宗昌私有財產管理土地約有十萬餘垧之譜

於綏芬河、小綏芬河、寒葱河、三處置三事務所準備種子、家畜、農具、等以貸借貧農使用大同元年三月間各事務所被匪擾害現在僅有綏芬河事務所尚可保其舊有之狀態

(3) 租借地費

一、市街地基一號(約一畝二分)　每年租金六元

二、耕地一垧　每年租金二元七角五分

三、荒地開成熟地耕種者於三年內年徵收一元以後乃照普通耕地計算

近幾年來因天災匪禍收入亦為之驟減許可農民採伐耕地內之森林每車徵山林稅一元年可收入三、四千元現在已無其收入也

於大同二年二月間將該公司所有之財產均處分為逆產矣

(二) 畜產

本縣並無專業牧畜產者僅飼養耕種使用之牛馬及食用之家畜等茲將民國十七年縣農會調查表列左

馬	二〇、〇〇〇匹
牛	五、〇〇〇頭
豚	三〇、〇〇〇口

然現在以戶口人口上觀之所飼養牛馬之實數似較前為多也

(1)　馬

本縣所飼養之馬多爲俄國雜種馬茲因地勢連接蘇聯並交通早開故馬之販路多輸自俄境滿洲種之小馬當不如俄國種馬爲好縣內使用之馬多爲耕種田地或挽車運搬貨物之用騾驢爲數甚少

(2)　牛

本縣飼養之牛多爲朝鮮牛滿洲牛甚少農民多自五站、烏斯里遷移而來者故鮮人飼養之牛較馬爲多均用其耕種田地近來牛之流行病發生農民多感飼育之苦

(3)　豚

本縣縣民蓋家家均飼養猪若干口一般小耳者乃原來之滿洲種萬鹿溝嶺以南地方氣候比較溫暖每年於春季三月上旬則生產仔豚年年因虎列拉之流行故不甚繁殖

(4)　羊

本縣飼養之羊及山羊多於山岳地飼育之其他各地飼養者爲數甚少

(5)　雞及其他

本縣飼養之雞雖多然尙不足供給縣內需用致於鷄卵之價格較他地方稍貴鶩及鵝飼養者甚少

（四）　商業

1.　概況

東寧縣城內各商店於王德林未入城以前每年於十、十一、十二、正月等月間商業非常繁盛每月各商家賣出貨款平

均達八萬元三、四、五、六、月間商業雖見蕭條每月平均亦在六萬元之譜王德林蟠踞縣城以來商業立見蕭條雖於最繁盛之期月平均賣出貨六萬元其後漸次減少尙不及四萬之譜焉本年三月間日滿軍討伐賊匪時燒毀家屋五百一十八間値價不下五十萬元之多現在僅餘百八十餘家其中資本金操越五百元者僅有六十家達萬元者不過二三家耳雖然尙可維持經營亦甚感困難也其他僻寨地方亦因此關係更無發達之可言且無金融機關之設置

2 貿易狀況

本縣鄰接蘇聯故與蘇聯貿易較多南方僅隔瑚布圖河北方僅以碑標爲界故秘密輸出輸入者實屬不少

主要輸入品（由蘇聯輸入者）

石油、鹽、魚類　爲稅捐局辦理之曾以雜貨換其輸入品現在國境嚴重警備如此之例猶爲不少

主要輸出品

大豆、野菜　曾由五站冬期野菜輸出之自中俄戰爭後與蘇俄貿易甚見萎縮

近來多使用東洋物品故日本製造之物品多由哈爾濱輸入之

各商店交易狀況表

種別	店名	年賣額
雜貨店	恆興昌	二〇・〇五三元
,,	源盛號	三三・五〇〇
,,	復合成	九・二〇五

,,	恒興成	一〇・〇五〇
,,	全義永	一二・四四〇
,,	合源永	九・九〇八
,,	同順盛	九・〇〇〇
,,	寶源昌	九・二一七
,,	德順利	四・五八八
,,	裕昌泰	四・五〇〇
,,	廣遠昌	五・〇〇〇
,,	廣成裕	九六八
,,	恒義號	五・一五〇
,,	恒順祥	二・〇〇〇
,,	隆盛東	一・〇〇〇
,,	義泰祥	一・五〇〇
,,	振泰昌	一・五〇〇
,,	益豐祥	八〇〇
,,	德盛永	一，二〇〇

〃	同聚成	一・〇〇〇
藥店	鴻利號	九五〇
〃	德興恒	一・〇〇〇
〃	四和堂	五〇〇
〃	日昇東	四〇〇
〃	廣利堂	二〇〇
飯館	程記	三・〇〇〇
醫院	大年醫院	五〇〇
木器店	雙發號	七〇〇
〃	福盛源	一七〇
〃	同興和	五〇〇
〃	源發和	一七〇
〃	福發成	二三〇
筐舖	于筐舖	八〇〇
鐵器舖	長發爐	二〇・〇〇〇斤
印刷局	東華書局	五〇〇元

染房合記　三〇〇

備考　縣城外並無商店均爲業農者雖有小商店亦在最少數

東寧市價調查表（大同二年二月）

品別	價		格（哈大洋）	品別	價		格（哈大洋）	品別	價		格（哈大洋）
食鹽	一斤		二五〇	洋酒	一斤		四五〇	猪肉	一斤		三〇〇
大豆	一石	一〇	〇〇〇	醬油	,,		二五〇	狍子	一頭	六	〇〇〇
包米	,,	一三	〇〇〇	,,	,,		一五〇	野雞	一對		六〇〇
粟	,,	九	〇〇〇	,,	,,		一〇〇	雞	十支		七〇〇
高粱	,,	一二	〇〇〇	豆油	,,		一五〇	鷄卵	一〇個		七〇〇
大麥	,,	一五	〇〇〇	香油	,,		五〇〇	狐狸皮	元板一張	二	〇〇〇
小麥	,,	二三	〇〇〇	白菜	,,		〇七〇	貉子	一張	二	〇〇〇
麵粉	一斤	一一	〇〇〇	羅蔔	,,		〇三〇	獺子	一張	六	〇〇〇
,,	,,	九	〇〇〇	葫羅蔔	,,		〇五〇	水獺	一張	八〇	〇〇〇
,,	,,	八	〇〇〇	葱	,		〇五〇	,,		一〇〇	〇〇〇
白米	,,		〇六〇	海魚	,,		七〇〇	狼皮		三〇	〇〇〇
小米	一石	一八	〇〇〇	河魚	,,		三〇〇	煤	一〇〇〇斤	七	〇〇〇

高粱酒	一斤	三二〇	牛肉	,,	三〇〇	木炭	一・〇〇〇斤	一二〇〇〇
黃酒	,,	二〇〇	羊肉	,,	三〇〇	木材	長十四尺寬三尺厚一尺八	一三〇〇〇

本縣食鹽之價値於王德林入城前後忽騰忽落價格不一東寧縣消費之食鹽向自五站鹽倉由商人運輸而來則販賣之大同元年五月王匪入城以來於東寧縣城內設官鹽總銷處一所自蘇俄密輸入食鹽甚多商店及商民任意販賣之每月販賣總額約壹萬觔之譜自友邦日本軍入城以來極力防止自蘇俄密輸之食鹽因此商店及商民除由五站運輸外別無他法矣現因五站東寧間交通不安全致商店購買食鹽多爲躊躇故鹽價稍爲騰貴清鄉局爲取締暴利計特發佈告用以平定食鹽之市價也

金融

本縣並無金融機關之設置僅有當舖一處

流通貨幣多以哈大洋爲本位其次者流通吉大洋、銅幣等新滿洲國發行之國幣現在尚未普及流通金幣更無使用者

(五) 工業

本縣工業之發展與商業之情況無稍差異玆將工業情況列表如左

種別	工場名	資本金	年產額	輸出	輸出概況
製粉業	耀東公司	四萬圓	五十五萬斤	約二萬斤	販賣於五六站各處
造酒業	益盛合	一萬四千圓	八萬九千六百斤	約四萬五千斤	仝右

,,	福海號	一萬圓	八萬七千六百斤		當地消費
,,	長發祥	一萬二千元	十萬零八百斤		仝右
酒精業	東湧酒場	二萬圓	八萬一千斤	全部輸入俄國	俄滿國交斷絕後則停止
黃酒業	隆盛居	二千圓	三千斤		當地消費
鹼皂業	卜內門	一千六百圓	三萬五千斤	約半數輸出	販賣於五六站各地
,,	復春茂	一千五百圓	五千斤		當地消費
醬油業	福盛醬園	七千圓	四萬斤		,,
,,	福順醬園	五百圓	三千斤		,,
油坊業	永裕德	六千圓	豆餅二一・六〇〇塊 豆油二五・二〇〇斤		,,
,,	會昌盛	三千圓	,, 二二・三〇〇塊 ,, 二六・〇〇〇斤		,,
,,	永增和	三千圓	,, 一四・四〇〇 ,, 一六・五〇〇		,,
,,	福利成	五百圓	,, 二〇・五〇〇 ,, 二三・九〇〇		,,
,,	益豐坊	五百圓	,, 一五・四〇〇 ,, 一六・五〇〇		,,
,,	東聚興	五百圓	,, 三・六〇〇 ,, 三・一五〇		,,
,,	玉成祥	千二百圓	,, 一五・一〇〇 ,, 一六・七〇〇		,,

〃	劉捷臣	五百圓	〃〃 九・一〇〇 九・五〇〇		〃
〃	廣順昌	七千圓	〃〃 一五・三〇〇 一八・〇〇〇		〃
人工製粉業	恒盛泰	二千圓	二萬斤		〃
〃	鴻興隆	一千圓	〃		〃
〃	雙盛永	七百圓	三萬斤		〃
〃	王興永	五百圓	二萬八千斤		〃
茶菓業	玉增祥	一千五百圓	一萬斤		〃
〃	利發祥	五百圓	四千斤		〃
〃	四遠香	七百圓	七千斤		〃
金銀業	玉源昌	三千圓	使用金六十兩 銀一千兩		〃
靴鞋業	福聚東	五百圓	千雙		〃
〃	永利號	七百圓	〃		〃
洋鐵業	源茂永	五百圓	製品額二千圓		〃

(六) 礦業

本縣位於邊陲人烟稀少礦物販路狹隘受事變之影響多停止營業矣左表所列之生產額乃三年前之出產平均數目今略

示如左

礦業狀況調查表

名稱	種類		年產額	
裕東煤礦		本煤礦於縣之西南方三十滿里之佛爺嶺股東王鴻全等於民國九年間始開設之	八九三噸	煤質不良產量甚少經事變之影響遂停止
東寧煤礦	煤礦	本煤礦於裕東煤礦西約四滿里股東袁子仁王鴻全等合資於民國三年開設之	三・八六九噸	煤質及煤苗均佳
東邊煤礦	煤礦	本煤礦於縣之西南方約距百四十滿里經技師測探十餘次炭苗豐富藏量可採取八十年股東侯振山等計劃敷設鐵道以便運輸經中俄戰爭之變遂停止矣		煤質殊佳因交通不便現在尚未開採
東寧水晶礦	水晶	本礦於縣之西方約距二百餘滿里之片底子地方股東曹憲章等於民國九年開始採掘之	五噸	水晶質甚佳惟不透明採掘數月因財政困難遂停止營業矣
狠洞溝	煤礦	本礦區於縣之南方三十滿里股東馬家貞於民國二十年呈請開採然現在尚未採掘		
大烏蛇溝	煤礦	礦區於縣之南方三十滿里股東王連功於民國十八年呈請許可開採然現在尚未採掘		
磊子溝	鉛	礦區於縣之西方四十五滿里經技師調查非爲純鉛礦含有錫、鐵、及染料之混合礦		
鵰子溝	金	本鑛區於縣南方四十滿里於民國十八年以坑夫二十餘人開始採掘藏量甚少遂停止矣		

通溝煤礦	於縣之西北方六十餘滿里股東株東梁守矩於民國十九年開採	約七噸	於二年前停止營業矣
團山子石	縣之北方約距四滿里民國九年開採		

以上各礦業並無機械化或科學化之設備

（七）林業

本縣多岳山森林蔭蔽自住民增加以來即盛行採伐於今交通之不便縣境一帶尚多小樹林木材多於大綏芬河下流輸送於沿海洲自一九一七年以後禁止輸出至今僅可供給縣內需用也

主要樹之種類如左

針葉樹——油松、天鹽松、黃花松、紅松、魚鱗松、臭松等

闊葉樹——白丁香、白樺木、楚榆、槐樹、楊樹、楸木、黃波羅、柞木、椴木、色木（白牛）色木、榆木等

東寧縣

「満洲国」地方誌集成

第2巻　吉林省各県畧誌　上巻

2018年５月15日　印刷
2018年５月25日　発行

編・解説　ゆまに書房出版部
発行者　荒井秀夫
発行所　株式会社ゆまに書房
〒101-0047　東京都千代田区内神田2-7-6
電話　03-5296-0491（代表）

印刷　株式会社平河工業社
製本　東和製本株式会社
組版　有限会社ぷりんてぃあ第二

第２巻定価：本体14,000円＋税　ISBN978-4-8433-5373-8 C3325